汽车制造专业
人才培养与行业需求匹配研究

管小清◎著

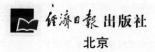

经济日报出版社
北京

图书在版编目 (CIP) 数据

汽车制造专业人才培养与行业需求匹配研究 / 管小
清著 . -- 北京：经济日报出版社，2024. 9. -- ISBN
978-7-5196-1496-6

Ⅰ . U463

中国国家版本馆 CIP 数据核字第 2024CB1893 号

汽车制造专业人才培养与行业需求匹配研究
QICHE ZHIZAO ZHUANYE RENCAI PEIYANG YU HANGYE XUQIU PIPEI YANJIU

管小清　著

出　　版：经济日报出版社
地　　址：北京市西城区白纸坊东街 2 号院 6 号楼 710（邮编 100054）
经　　销：全国新华书店
印　　刷：武汉恰皓佳印务有限公司
开　　本：710mm×1000mm　1/16
印　　张：11.75
字　　数：165 千字
版　　次：2024 年 9 月第 1 版
印　　次：2024 年 9 月第 1 次印刷
定　　价：72.00 元

前　言

　　随着全球汽车产业的迅猛发展和技术的不断创新，汽车制造业正面临着前所未有的机遇与挑战。作为国民经济的支柱产业，汽车制造业的转型升级对于提升国家竞争力和实现可持续发展具有重要意义。在这个变革的时代，汽车制造专业人才的培养尤为重要，他们将是推动行业发展的核心力量。然而，当前汽车制造专业人才培养与行业需求之间存在一定的不匹配问题。这种不匹配不仅影响了企业的生产效率和产品质量，也制约了整个行业的创新与发展。因此，深入探讨汽车制造专业人才培养与行业需求匹配的问题，寻求有效的解决方案，成为摆在当前的重要课题。

　　本书旨在全面分析汽车制造业的发展趋势和人才需求特点，探讨当前汽车制造专业人才培养的现状与问题，并提出一系列针对性的策略与建议。希望本书能够为职业院校、企业以及政府相关部门提供有益的参考，推动汽车制造专业人才培养与行业需求更好匹配，为汽车制造业的持续发展注入新的活力。在本书的撰写过程中，结合中国汽车制造业的实际情况，充分借鉴了国内外相关领域的最新研究成果和实践经验，对相关问题进行了深入的分析和探讨，力求使本书的观点更具说服力和可操作性。相信，本书的出版发行将有助于提升社会对汽车制造专业人才培养问题的关注度，激发更多有志之士投身于汽车制造业的研究与实践，共同推动中国汽车制造业的繁荣与发展。

目 录

第一章　引言

第一节　行业背景与发展趋势

一、全球汽车行业的发展历程与当前态势

全球汽车行业自其诞生以来，已经历了多个发展阶段，每个阶段都有标志性的技术和市场的重大变革。从最初的手工制造时期，汽车是奢侈品，仅供少数人享用，到后来的流水线生产模式，使汽车得以大规模生产并迅速普及，这一转变堪称工业革命的伟大成就之一。

进入 21 世纪，全球汽车行业再次迎来了翻天覆地的变化。智能化、电动化、网联化成为新的发展趋势，引领着汽车行业走向一个多元化、高科技化的新时代。这些技术革新不仅改变了汽车的生产方式，更深刻地影响了人们的出行方式和生活方式。

在技术层面，新能源汽车技术的突破和普及是近年来最为显著的变化之一。同时，智能驾驶技术也取得了长足的进步，自动驾驶汽车已经在部分地区进行测试，预示着未来驾驶方式的巨大变革。车联网技术的快速发展则使得汽车与外部环境实现了高效的信息交互，提升了驾驶的安全性和便捷性。

在市场层面，全球汽车行业的竞争格局也在发生深刻变化。欧洲、北美和亚洲作为全球汽车生产的主要区域，其市场地位日益稳固。尤其是亚洲市场，得益于人口红利和经济的快速发展，已经成为全球汽车行业增长的重要引擎。中国市场更是以巨大的潜力和增长速度备受瞩目，成为全球汽车制造商竞相争夺的焦点。

然而，全球汽车行业的快速发展也带来了一系列挑战。随着汽车保有量的不断增加，城市交通拥堵和环境污染问题日益严重。因此，各国政府纷纷提高汽车排放标准，推动汽车行业向更加清洁、低碳、高效的方向发展。同时，消费者需求的多样化和个性化也对汽车行业提出了新的挑战。为了满足消费者的不同需求，汽车制造商需要不断创新，提供更加多样化、个性化的产品和服务。

二、中国汽车行业的崛起及其对全球市场的影响

中国汽车行业的崛起无疑是近年来全球汽车行业发展的一个亮点。凭借国内庞大的市场需求、政府的大力支持以及企业的持续创新，中国汽车产业从一个跟随者逐渐转变为引领者，对全球市场产生了深远的影响。

（一）中国汽车市场的快速增长与全球机遇

中国汽车市场的迅猛崛起，成为全球汽车行业最引人注目的焦点之一。近年来，随着国内经济的蓬勃发展以及城市化进程的加速推进，汽车作为一种便捷、舒适的出行工具，越来越深入地融入人们的日常生活中。这种变化不仅极大地提升了中国汽车市场的消费能力，也为全球汽车制造商提供了前所未有的发展机遇。

一方面，中国汽车市场的快速增长得益于国内庞大的消费基础和不断提升的人民生活水平。随着经济的持续增长，越来越多的家庭具备了购买汽车的经济实力，这使得汽车消费市场呈现出爆炸性的增长态势。尤其是二、三线城市和乡村地区，随着道路交通设施的不断完善和居民出行需求的增加，汽车已经成为许多家庭不可或缺的交通工具。这种消费趋势为全球汽车制造商提供了广阔的市场空间，众多国际知名品牌纷纷进军中国市场。

另一方面，中国汽车市场的消费者需求也在不断发生变化，对汽车产品提出了更高的要求。随着消费者购车经验的日益丰富和个性化需求的增加，

人们开始更加注重汽车的品质、安全性、舒适性以及科技配置等。这种需求变化促使国际汽车制造商不断加大在中国市场的研发投入，以推出更多符合中国消费者喜好的车型和配置。例如，针对中国市场对于智能化、网联化汽车的高度关注，许多国际汽车制造商加大在这些领域的技术投入和产品创新力度，以满足消费者对于智能驾驶、车联网等功能的迫切需求。

同时，中国汽车市场的快速增长也为全球汽车产业链带来了深刻的变革。为了满足中国市场庞大的消费需求，国际汽车制造商不仅需要在产品研发、生产制造等方面进行本地化布局，还需要与中国的零部件供应商、经销商等建立紧密的合作关系。这种产业链的深度融合不仅有助于提升全球汽车制造业的整体效率，还为中国汽车产业带来新的技术、管理和市场经验，从而推动整个行业的持续发展和创新升级。

（二）中国汽车行业的技术进步与创新引领

中国汽车行业在技术进步和创新方面的表现日益引人注目，成为全球汽车行业发展的重要驱动力。特别是在新能源汽车和智能驾驶等领域，中国企业通过自主研发和技术引进相结合的方式，取得了一系列令人瞩目的成果，为全球汽车行业的技术革新和产业升级提供了新的动力。

在新能源汽车领域，中国企业已经在电池、电机、电控等核心技术方面实现了重大突破。特别是在电池技术方面，中国企业通过持续的研发和创新，提高了电池的能量密度、安全性和寿命，降低了电池成本，使得新能源汽车的续航里程和性价比得到了显著提升。同时，中国企业还在电机和电控技术方面取得了重要进展，提高了新能源汽车的动力性能和驾驶体验。这些技术突破不仅推动了中国新能源汽车市场的发展，也为全球新能源汽车技术提供了新的思路和方向。

除了新能源汽车，中国企业在智能驾驶方面也展现出了强大的创新实力。随着人工智能、物联网等技术的快速发展，智能驾驶已经成为汽车行业的重要发展方向。中国企业积极探索自动驾驶、车联网等前沿技术，通过自主研发和技术合作相结合的方式，不断推动智能驾驶技术的突破和应用。一些中国企业已经开发出了具备高度自动驾驶功能的汽车，并在特定场景下进行了测试和应用。这些创新实践不仅为中国汽车行业的智能化转型提供了有力支持，也为全球智能驾驶技术的发展注入了新的活力。许多国际汽车制造商开始与中国企业展开技术合作，共同研发和推广新技术、新产品。

（三）中国汽车行业对全球产业链的整合与优化

中国汽车行业的快速发展与崛起，对全球汽车产业链产生了深远的影响，推动了产业链的整合与优化。这一过程中，中国不仅成为了全球汽车市场的重要参与者，某些方面还逐渐成为了全球汽车产业链的核心环节。

首先，随着中国汽车市场的不断扩大，越来越多的国际汽车零部件供应商和服务商将业务重心向中国转移。他们在中国设立生产基地、研发中心和营销网络，以便更好地满足中国市场的需求。这种产业链的转移是为了寻求更低成本的生产环境和更广阔的市场机会。中国的劳动力成本、生产效率以及政府支持政策等因素，使得中国成了重要生产基地。

其次，中国汽车行业的崛起也促进了全球汽车产业链的整合。中国汽车制造商通过与全球优秀的零部件供应商和服务商建立紧密的合作关系，实现了资源的优化配置和成本的降低。这种整合不仅提高了整个产业链的效率和灵活性，还使得中国汽车企业能够更快地掌握国际先进技术和管理经验，提升自身的竞争力和创新能力。同时，国际汽车零部件供应商和服务商也通过与中国企业的合作，拓展了新的市场渠道，获得了更多的商业机会。

此外，中国汽车行业的全球化布局也推动了全球汽车产业链的进一步优化。随着中国汽车企业实力的不断增强，他们开始积极参与国际市场竞争，通过海外投资、并购等方式拓展海外市场。这种全球化布局不仅提升了中国汽车企业的国际影响力，还使得他们更好地融入全球汽车产业链，推动产业链的全球化发展。

三、汽车制造业面临的挑战与未来发展趋势

汽车制造业作为工业领域的重要支柱，也面临着前所未有的挑战。这些挑战不仅来自环境保护、能源转型等外部压力，还包括市场竞争、技术更新等内部因素。然而正是这些挑战，推动着汽车制造业不断创新，探寻未来发展的新路径。

（一）环境保护压力与能源转型需求

随着全球气候变暖和环境污染问题的不断加剧，汽车制造业正面临着前所未有的环保压力。传统燃油车辆在运行过程中产生的废气和有害物质，如二氧化碳、一氧化碳、氮氧化物等，是空气污染和温室效应的主要来源之一。这些排放物不仅对大气环境造成了严重破坏，还对人类健康产生了巨大威胁。

为了应对这一挑战，汽车制造业亟须减少汽车尾气排放、提高能源利用效率，这既是对全球环保趋势的响应，也是企业可持续发展的必然选择。一方面，采用先进的发动机技术、优化车身结构、使用更环保的材料等手段，可以有效降低汽车的油耗和排放，从而减少对环境的影响。另一方面，提高能源利用效率，包括提升汽车的燃油经济性、推广节能驾驶习惯、发展更高效的能源利用方式等。

与此同时，能源转型需求也迫在眉睫。随着石油等化石能源的日益枯竭，寻找新的、可持续的替代能源已经成为汽车制造业的重要任务。电动汽车、混合动力汽车等新能源汽车的兴起，正是对这一需求的积极响应。这些汽车采用电力、氢能等清洁能源替代传统的化石燃料，从而实现了零排放或低排放的目标。

然而，新能源技术的研发和应用仍面临诸多挑战。首先，电池续航里程问题仍然突出。尽管近年来电池技术取得了显著进步，但电动汽车的续航里

程仍然受到一定限制，难以满足长途旅行需求。其次，充电设施建设也亟待加强。为了推广电动汽车等新能源汽车，必须建立完善的充电基础设施网络，包括充电桩、换电站等，以便为车主提供便捷、高效的充电服务。最后，新能源技术的成本问题也不容忽视。电动汽车等新能源汽车的生产成本仍然较高，这在一定程度上限制了其市场推广速度。

为了克服这些挑战，汽车制造业需要持续投入和创新。

（二）市场竞争加剧与技术更新换代速度加快

汽车市场正经历着前所未有的竞争变革。这种竞争不仅来自同行业内的各大汽车制造商，更来自跨界企业的积极涌入。随着科技的发展和产业融合的加速，越来越多原本与汽车行业无直接关联的企业开始涉足这一领域，通过技术创新和商业模式变革挑战传统汽车制造商的地位。

在这种背景下，汽车制造业面临着巨大的市场压力。为了保持竞争优势，企业必须不断提升产品质量，包括汽车的性能、安全性、舒适性以及降低排放等多个方面。同时，降低成本也是关键。通过优化生产流程、提高生产效率、采用更经济的原材料等方式，企业可以有效降低生产成本，从而在激烈的市场竞争中获得更大的价格优势。

此外，增强品牌影响力也至关重要。在消费者日益注重品牌价值的今天，一个具有强大品牌影响力的汽车制造商往往更容易赢得消费者的信任和认可。因此，企业需要在品牌建设、市场推广和客户服务等方面加大投入，以塑造独特的品牌形象提升品牌知名度。

与此同时，技术的更新换代速度也在不断加快。智能化、网联化、电动化等趋势的迅猛发展，对汽车制造业提出了更高的技术要求。企业需要紧跟技术潮流，不断进行技术研发和创新，以确保在市场上的技术领先地位。例如，在智能化方面，企业需要积极探索自动驾驶、智能导航、语音控制等前沿技术，并将其应用到新产品中，从而提升产品的科技含量和用户体验。在网联化方面，企业需要加强与互联网企业的合作，共同推动车联网技术的发展和应用，以实现汽车与外部环境的高效互联。在电动化方面，企业需要加大在新能源汽车领域的研发力度，推出更多符合市场需求的新能源车型，以应对日益严峻的环保压力和能源转型需求。

第二节 汽车制造专业人才培养的重要性

一、人才在汽车制造业中的核心作用

汽车制造业作为技术密集型产业的代表，其持续、健康的发展离不开人才这一核心要素。人才不仅是技术的载体，更是创新的源泉，在汽车制造的全过程中发挥着举足轻重的作用。

（一）设计研发阶段的人才支撑

在汽车制造过程中，设计研发阶段是至关重要的环节，而这一阶段的核心便是专业人才，包括设计师、工程师、市场调研人员等，他们各自在汽车产品的设计研发过程中发挥着不可或缺的作用。

首先，市场调研人员是设计研发阶段的"先锋队"。他们凭借敏锐的市场洞察力和专业的调研技能，深入市场一线，收集和分析消费者需求、竞争对手动态，以及行业发展趋势等信息。这些数据和信息为产品定位和设计提供了科学依据，使汽车产品能够精准满足市场需求。

在市场调研的基础上，设计师开始发挥创造力。他们运用先进的设计理念和技术手段，将消费者的需求和期望转化为具体的产品设计方案。在这个过程中，设计师不仅要考虑产品的外观造型和内饰设计，还要关注产品的性能、安全性和舒适性等方面。通过不断优化设计方案，为汽车产品的诞生奠定了坚实的基础。

工程师负责将设计方案转化为可行的工程实施方案，解决生产过程中的技术难题。工程师需要具备深厚的专业知识和丰富的实践经验，以确保汽车产品的质量和性能达到行业领先水平。

值得一提的是，随着智能化、电动化等的不断发展，设计研发人才还需要具备前瞻性的视野和创新精神，密切关注新技术、新材料的发展动态，积极探索其在汽车产品中的应用。这不仅有助于提升汽车产品的科技含量和竞争力，还能为汽车产品的升级换代提供有力支持。

（二）生产制造阶段的人才保障

在汽车制造过程中，生产制造阶段是将设计方案转化为实体产品的关键环节，这一环节离不开专业人才的支撑和保障，包括生产工程师、工艺师、设备操作员以及生产管理人员等，他们各自在汽车产品的生产制造过程中发挥着至关重要的作用。

首先，生产工程师和工艺师是生产制造阶段的"技术骨干"。他们精通生产工艺和设备操作，能够制订科学合理的生产计划，确保生产流程的顺畅进行。他们熟悉每一个生产环节，能够根据实际情况调整和优化生产工艺，提高生产效率和产品质量。同时，他们还具备丰富的现场问题解决经验，能够及时应对生产过程中的技术问题，确保生产不受阻碍。

设备操作员则是生产制造阶段的"执行者"。他们负责操作生产设备，完成汽车产品的组装、调试等工作。设备操作员需要熟练掌握设备的操作技能，确保设备的正常运行和产品质量的稳定。同时，他们还需要具备严谨的工作态度和高度的责任意识，保证生产任务的按时完成。

生产管理人员则在生产制造阶段发挥着"组织者"和"协调者"的作用。他们负责生产现场的管理和调度，确保生产资源的合理分配和有效利用。生产管理人员需要具备丰富的管理经验和卓越的协调能力，能够及时处理生产过程中的各种问题，确保生产井然有序。

在当前智能制造、柔性生产等新模式不断涌现的背景下，生产制造人才面临着更大的挑战和机遇。他们需要不断学习和掌握新技术，如工业互联网、大数据分析、人工智能等，以适应生产方式的变革。同时，他们还需要具备创新意识和跨界融合的能力，推动汽车制造业与新兴技术的深度融合，实现产业的转型升级。

（三）市场营销与售后服务阶段的人才贡献

在汽车的市场营销与售后服务阶段，专业人才的作用不容忽视。他们不仅是连接汽车产品与消费者的桥梁，更是推动品牌发展和维护客户关系的关键力量。

在市场营销方面，专业人才深谙市场规律和消费者心理。他们通过精准的市场分析和定位，洞察消费者的需求和偏好，为汽车产品制定有针对性的营销策略和推广手段。无论是传统的广告宣传、促销活动，还是新兴的社交媒体营销、内容营销等，他们都能够游刃有余。

在售后服务方面，专业人才同样发挥着举足轻重的作用。他们具备专业的售后服务技能和服务意识，无论是解答消费者的咨询问题，还是提供维修保养、技术支持等服务，他们都能够以专业的态度和高效的工作方式，满足消费者的需求，提升消费者的满意度和忠诚度。

此外，市场营销与售后服务人才还具备强烈的品牌意识和客户服务意识。他们深知品牌形象和客户满意度对于企业的重要性，因此在工作中始终注重维护品牌形象，提升客户满意度。他们不仅为消费者带来了优质的购车和使用体验，更为企业的可持续发展奠定了坚实的基础。

二、当前汽车制造专业人才供需状况分析

汽车制造业的迅猛发展对专业人才提出了更高、更多元的要求，但当前的人才市场供需情况却显示出一定的不均衡，这种现状既带来了挑战，也孕育着机遇。

（一）多元化、高层次化的人才需求

随着科技的不断进步和产业的融合发展，现代汽车制造业已不再是单一的传统机械制造产业，日益成为一个融合新能源、电子信息技术、自动化技术等多个学科领域的综合性产业。这种跨界融合的趋势对汽车制造业的人才需求产生了深远的影响，使得企业对人才的要求日趋多元化和高层次化。

首先，从多元化的角度来看，现代汽车制造业需要各种类型的人才来共同推动产业的发展。研发设计人员是其中的核心力量，他们不仅要具备深厚的汽车工程、机械工程等理论知识，还要具备创新思维和跨界整合能力，以推动汽车产品和技术的不断革新。例如，在新能源汽车领域，研发设计人员需要掌握电池、电机、电控等关键技术，并能够将其与传统汽车技术相结合，开发出符合市场需求的新能源汽车产品。

市场营销人员也是现代汽车制造业不可或缺的人才。他们需要具备敏锐的市场洞察力和卓越的销售策略制定能力，以扩大产品的市场份额并提高品牌知名度。在数字化营销日益盛行的今天，市场营销人员还需要掌握各种新媒体营销手段，如社交媒体营销、搜索引擎优化等，以更好地与消费者进行互动并推动销售增长。

此外，售后服务人员在现代汽车制造业中也扮演着重要的角色。他们需要提供专业、高效的售后服务，以解决消费者在使用过程中遇到的问题，并增强客户满意度和品牌忠诚度。售后服务人员需要具备良好的沟通技巧和服务意识，并能够熟练运用各种维修技术和设备，以确保为消费者提供优质的服务体验。

从高层次化的角度来看，现代汽车制造业对人才的综合素质和专业技能要求也越来越高。企业需要具备高度创新意识和实践能力的高端人才来引领产业的发展。这些人才不仅需要具备扎实的专业知识和技能，还需要具备广阔的国际视野和深厚的跨文化沟通能力，以应对全球化的市场竞争和技术变革。

特别是在新能源汽车、智能驾驶等新兴领域，对掌握相关技术并能跨界整合资源的复合型人才的需求更是迫在眉睫。

（二）人才培养规模与质量现状

随着汽车制造业的快速发展和技术进步，我国对汽车制造相关专业的人才需求日益增长。为应对这一需求，高等教育和职业教育院校纷纷扩大了招生规模，并积极调整教学计划，致力于培养更多适应行业发展新趋势的专业人才。

在人才培养规模方面，我国汽车制造相关专业的招生人数逐年增加，显示出教育行业对汽车制造业人才需求的积极响应。各高校和职业院校通过增设相关专业、扩大招生名额等措施，吸引大量学生报考，为汽车制造业提供了源源不断的人才储备。

尽管人才培养的数量有所增加，但在质量方面仍存在一定的差距。学生虽然学习了丰富的理论知识，但缺乏实际操作经验和解决问题的能力。当他们进入企业后，难以迅速融入生产研发流程，需要较长的适应期。这不仅影响了企业的运营效率，也制约了毕业生的职业发展。

造成这一问题的原因是多方面的。首先，部分学校在教学过程中过于注重理论传授，而忽视了实践教学。学生缺乏实际操作的机会，难以将理论知识转化为实际技能。其次，一些学校与企业的合作不够紧密，学生无法接触到最新的生产技术和设备，导致他们毕业后与企业实际需求脱节。

针对高端人才和复合型人才的培养，当前教育体系还需进一步加大学科交叉融合、实践教学环节以及国际合作交流等方面的力度。学科交叉融合有助于培养学生跨学科的知识背景和创新能力，从而更好地应对汽车制造业中的复杂问题。实践教学环节能够帮助学生积累实际经验，提高解决问题的能力。而国际合作交流则可以拓宽学生的视野，使他们更好地适应全球化的市场竞争。

为了提升人才培养质量，教育机构和汽车制造企业应建立更紧密的合作关系，共同制订人才培养计划，实现资源共享和优势互补。同时，教育机构还应加大对教师的培训和引进力度，提高师资队伍的整体素质和教学水平。

（三）供需不平衡的原因分析

汽车制造专业人才供需不平衡的现象，其背后隐藏着多方面的深层次原因。这些原因既涉及教育资源的分配与利用，也与市场需求信息的传递与对接有关，还受到社会观念和个人职业规划等多重因素的影响。

首先，从教育资源的角度来看，分配和利用不尽合理是导致供需不平衡的重要原因之一。在一些地区和学校，由于教学设备和师资力量相对薄弱，难以提供高质量的教育服务。这种情况下，即便学生有意愿投身汽车制造业，也可能因为教育资源的限制而无法获得充分的专业培养和技能提升。这种教育资源的不均衡分布，直接导致了人才培养质量参差不齐，进而加剧了供需之间的矛盾。

其次，人才培养与市场需求之间的信息不对称也是造成供需不平衡的关键因素。现阶段企业和教育机构之间缺乏有效的沟通机制，导致教育机构在制定人才培养方案时难以准确把握市场的真实需求。这种信息不对称不仅使得教育机构对市场需求的变化反应滞后，还导致教育资源的浪费和人才培养的盲目性。例如，某些热门专业因为过度追捧而出现人才过剩，而一些新兴领域和关键技术岗位则因为被忽视而出现人才短缺。

最后，社会观念和个人职业规划也对人才供需状况产生了深远影响。在部分学生和家长的观念中，汽车制造业为劳动密集型产业，对其就业前景和发展空间缺乏充分了解。这种观念上的偏见导致了许多潜在的人才在选择专业时避开了汽车制造相关专业，从而进一步加剧了该领域人才的供需失衡。同时，随着社会的不断发展和职业选择的多样化，一些年轻人更倾向于追求高薪、高社会地位的职业，对于汽车制造业等实体经济领域的兴趣相对减弱，这也是导致供需不平衡不可忽视的原因之一。

三、培养高素质汽车制造专业人才的紧迫性

随着汽车产业的深入发展，其对经济的拉动作用和对社会的影响日益显著。在这一背景下，培养高素质的汽车制造专业人才不仅关乎行业本身，更与国家的长远发展和社会民生紧密相连。

（一）推动汽车制造业持续发展的必然要求

汽车制造业作为现代工业的重要支柱，其持续发展对于经济增长、就业创造以及社会进步具有深远的意义。这一产业的繁荣并非自然而然，需要不断的技术创新和管理创新作为支撑。在这个过程中，高素质的专业人才发挥着至关重要的作用。

首先，汽车制造业是一个技术密集型产业，其核心竞争力在很大程度上取决于技术的先进性和创新性。随着新材料、新工艺以及智能化技术的不断涌现，汽车制造业面临着前所未有的技术变革。而高素质的专业人才正是这场变革的引领者和推动者。他们具备深厚的专业知识和技能，能够不断探索和尝试新的技术路线，从而推动汽车制造业的技术进步和产品升级。例如，在新能源汽车领域，专业人才通过研究和开发新型电池、电机以及电控系统，为汽车的绿色转型提供了有力的技术支持。

其次，汽车制造业也是一个资金密集型产业，需要大量的资金投入来支持研发、生产和市场推广等环节。在这个过程中，如何有效地利用资金、降低成本、提高效益，是每一个汽车制造企业都必须面对的问题。而高素质的专业人才，不仅能够帮助企业制订合理的资金运作计划，还能够通过精细化管理、流程优化等手段，提高企业的运营效率和市场竞争力。他们的存在，使得汽车制造企业在激烈的市场竞争中能够保持稳健的发展态势。

最后，汽车制造业还是一个劳动密集型产业，需要大量的劳动力来参与生产和制造过程。然而，随着人口红利的逐渐消失和劳动力成本的上升，汽

车制造业面临着越来越大的人力资源压力。在这种情况下，培养高素质的专业人才显得尤为重要。他们不仅具备较高的工作效率和创新能力，还能通过传授经验、培训新人等方式，提升整个团队的技能水平和综合素质。这对于缓解汽车制造业的人力资源压力、提高生产效率具有积极的意义。

（二）提升我国汽车制造业国际竞争力的关键所在

在全球经济一体化的今天，汽车制造业的竞争已经超越了国界，演变为一场全球范围内的激烈角逐。在这场竞争中，技术、品牌和人才成为了决定胜负的三大关键因素。特别是新能源汽车、智能驾驶等新兴领域的崛起，掌握核心技术和创新能力的重要性越发凸显。而高素质的专业人才，正是我国汽车制造业在这场国际竞争中取得优势的关键所在。

首先，高素质的专业人才具备强大的研发能力，能够推动我国汽车制造业在技术创新方面取得突破。他们通过学习和实践，掌握了先进的科学知识和技术方法，能够针对市场需求和行业趋势，研发出具有竞争力的新产品和新技术。特别是在新能源汽车、智能驾驶等领域，高素质人才的研发能力直接关系到我国汽车制造业能否在国际市场上占据一席之地。

其次，高素质的专业人才还具备敏锐的市场洞察力和国际视野，能够帮助企业把握市场机遇，制定有效的国际竞争策略。他们了解全球汽车制造业的发展动态和竞争格局，能够为企业提供有价值的市场信息和战略建议。同时，他们还能够利用自身的专业知识和国际经验，帮助企业拓展海外市场，提升品牌知名度和影响力。

此外，高素质的专业人才在推动企业管理创新、提升运营效率等方面也发挥着重要作用。他们熟悉国际先进的管理理念和方法，能够为企业提供科学的管理建议和解决方案。通过他们的努力，我国汽车制造业可以进一步提升自身的运营水平和管理效率，从而更好地应对国际市场的挑战。

（三）满足人民日益增长的美好生活需要的现实选择

在现代社会，汽车已经从过去的奢侈品变成了人们日常生活中不可或缺的重要工具，体现生活品质和个人追求的重要标志。随着社会的发展和人民生活水平的提高，消费者对汽车产品的品质和性能要求也在不断提高。

首先，安全性是消费者选择汽车产品时最为关注的因素之一。人们都希望自己的座驾能够在便捷出行的同时，为自己和家人提供最大程度的安全保障。而汽车产品的安全性，很大程度上取决于设计和制造过程中专业人才的技术水平和严谨态度。只有具备高素质的专业人才，才能够在汽车产品的设计和制造过程中充分考虑到各种安全因素，确保汽车产品在面对各种复杂路况和突发情况时都能够表现出色，为消费者提供强有力的安全保障。

其次，舒适性和环保性也是现代消费者对汽车产品的重要追求。随着生活品质的提高，人们越来越注重出行的舒适性和环保性。他们希望自己的座驾不仅具有宽敞舒适的车内空间、先进的娱乐系统和智能驾驶辅助功能，还希望它能够在节能减排方面表现出色，为保护环境做出自己的贡献。而要实现这些目标，同样离不开高素质的专业人才。他们通过不断学习和创新，运用先进的材料和技术，为消费者打造出更加舒适、环保的汽车产品。

最后，随着智能网联、自动驾驶等技术的快速发展和普及，汽车产品的智能化和个性化程度也在不断提高。现代消费者对于能够与自己的智能设备无缝连接、能够提供个性化驾驶体验的汽车产品表现出了浓厚的兴趣。而这类产品的研发和设计，同样需要高素质的专业人才来进行。他们具备深厚的专业知识和敏锐的市场洞察力，能够紧跟科技发展的步伐，为消费者带来更加智能、个性化的汽车产品。

第三节 研究目的与意义

一、本研究的主要目的和研究问题阐述

（一）主要目的

本研究旨在全面、深入地探讨汽车制造专业人才培养的现状、所面临的挑战，以及可能的优化策略。通过系统性的研究和分析，能够为汽车制造业的人才培养和行业发展提供有力的理论支持和实践指导。

（二）研究问题

当前汽车制造业对专业人才的具体需求是什么？

这一问题旨在明确汽车制造业在当前及未来一段时间内对专业人才的具体需求。包括对不同类型人才（如研发设计、生产制造、市场营销等）的数量需求，以及对人才知识、技能和素质方面的要求。通过深入了解行业的人才需求，可以为人才培养提供更加明确的目标和方向。

（三）现有汽车制造专业人才培养体系存在哪些不足

这一问题主要关注当前汽车制造专业人才培养体系中存在的问题和不足。包括教育资源配置、课程设置、教学方法、实践环节、师资队伍等多个方面。通过揭示这些问题，为人才培养体系的改革和完善提供有针对性的建议。

（四）如何构建更加高效、符合行业需求的汽车制造专业人才培养模式

这一问题是在前两个问题的基础上，探讨如何构建更加高效、符合行业

需求的汽车制造专业人才培养模式。包括提出具体的人才培养方案、优化教育资源配置、改进教学方法和手段、加强实践教学环节、提升师资队伍素质等方面的建议。通过构建更加完善的人才培养模式，为汽车制造业的持续发展提供有力的人才保障。

二、研究结果对汽车制造业和职业教育的预期影响

（一）对汽车制造业的预期影响

1. 提供精准人才招聘与培养策略

本研究通过深入分析汽车制造业对专业人才的具体需求，将为企业提供一份详尽的人才需求蓝图。这不仅包括对不同岗位、不同技能层次人才的需求预测，还涵盖了对人才知识结构和职业素质的具体要求。有了这份蓝图，企业在招聘时就能更加精准地锁定目标人群，降低招聘过程中的盲目性和试错成本。

同时，研究结果还将为企业内部的人才培养提供有力指导。企业可以根据研究揭示的行业趋势和人才需求变化，及时调整自己的培训计划和课程体系，确保所培养的人才能够紧跟行业发展的步伐，具备应对未来挑战的能力。

2. 推动行业健康持续发展

汽车制造业是一个高度依赖人才的行业，人才的培养和引进直接关系到行业的创新能力和市场竞争力。本研究通过提出一系列人才培养的优化策略，有望推动整个行业的人才培养水平迈上一个新台阶。随着人才质量的不断提升，行业的整体创新能力和生产效率也将得到显著提升，从而推动汽车制造业的健康持续发展。

（二）对职业教育的预期影响

当前，职业教育正面临着前所未有的挑战和机遇。一方面，随着技术的

不断进步和行业的快速变革，传统的人才培养模式已经不能适应市场的需求；另一方面，社会对职业教育的重要性和认可度也在不断提升，为职业教育的改革提供了广阔的空间和动力。

本研究通过深入剖析现有汽车制造专业人才培养体系的问题，为职业教育的改革提供有力的数据支持和理论支撑。职业教育院校可以根据研究结果，重新审视自己的教育理念、课程设置、教学方法等，找出与市场需求脱节的地方，及时进行调整和改进，更加有效地培养出符合市场需求的汽车制造专业人才。可以提升学生的就业竞争力，使他们更容易找到满意的工作，还可以为学生的职业发展奠定坚实的基础，使他们在未来的职业生涯中不断进步和成长。

同时，随着人才培养质量的提升，职业教育院校的声誉和影响力也将得到进一步提升，有助于吸引更多的优秀学子报考相关专业，形成良性循环，推动整个职业教育体系的持续发展和优化。

三、研究的创新点和学术价值

（一）研究的创新点

1. 方法论的创新：定量与定性研究的综合运用

本研究突破了传统研究中单一使用定量或定性方法的局限，综合运用了定量和定性研究方法。通过问卷调查、数据分析等定量手段，客观地呈现汽车制造专业人才需求的数量特征和趋势；而通过深入访谈、案例分析等定性方法，能够更深入地认识人才培养过程中的问题与挑战，以及各方利益相关者的需求与期望。这种方法论的综合运用，保证了研究的全面性和准确性。

2. 内容的新颖性：紧密结合行业最新发展趋势

汽车制造业正经历着前所未有的技术变革和业态创新，本研究紧密结合这些最新发展趋势，深入探讨新技术、新业态对汽车制造专业人才培养的新要求、新挑战。这种与时俱进的研究内容，不仅使研究更具前瞻性和实用性，也为行业和教育界提供了及时、有价值的参考信息。

3. 解决方案的创新性：提出一系列优化策略

针对现有汽车制造专业人才培养体系中的问题和不足，本研究创新性地提出了一系列具体的优化策略和建议。这些策略和建议既包括对教育资源配置、课程设置、教学方法等微观层面的改进意见，也涉及政策支持、产教融合、国际合作等宏观层面的战略构想。这些创新性的解决方案不仅为实际问题的解决提供了思路和方法，也为相关政策的制定和实施提供了重要依据。

（二）研究的学术价值

1. 理论贡献：丰富和完善相关理论体系

本研究通过深入探讨汽车制造专业人才培养的问题与挑战，并提出相应的优化策略，为汽车制造业和职业教育领域的相关研究提供了新的理论支撑和观点补充。这不仅有助于丰富和完善现有的汽车制造专业人才培养理论体系，还可能引发新的学术讨论和研究热潮，推动相关学科的发展和创新。

2. 实践指导：为政策制定和教育实践提供有益参考

本研究的成果不仅具有理论价值，还具有重要的实践指导意义。通过揭示行业对人才需求的动态变化和现有教育体系的短板，为政策制定者、教育工作者和企业决策者提供了有针对性的改进建议和政策思路。这些建议和思路有助于帮助相关部门和教育机构制订更加科学合理的教育政策和培养计划，推动汽车制造业和职业教育的协同发展。同时，本研究的创新性和前瞻性也有望使其成为引领行业和教育改革的重要力量之一。

第二章 汽车制造业发展现状及趋势

第一节 全球汽车制造业发展现状

一、全球主要汽车生产国的发展趋势

全球汽车制造业的发展在不同国家和地区呈现出多样化的态势。主要汽车生产国如中国、美国、日本和德国等，在汽车产量和销售方面占据重要地位。

中国作为全球最大的汽车生产国，近年来汽车产量持续保持世界第一。中国政府对汽车产业的扶持政策和庞大的市场需求是推动其汽车产量不断增长的重要因素。此外，中国汽车制造商在技术创新、品质提升和市场拓展方面也取得了显著成就，进一步巩固了中国在全球汽车产量中的领先地位。

美国作为传统的汽车生产大国，其汽车产量和销售量也一直保持在较高水平。美国汽车市场以其成熟的消费环境和多样化的消费需求而著称。同时，美国汽车制造商在新能源汽车、智能驾驶等领域的技术创新和研发投入也处于全球领先地位。

日本作为另一个重要的汽车生产国，以其精湛的汽车制造技术和高品质的产品享誉全球。日本汽车制造商注重研发和创新，不断推出具有竞争力的新车型和新技术。

德国则是欧洲最大的汽车生产国之一，其汽车制造业以高品质、高性能和先进的技术而著称。德国汽车制造商在豪华车市场、新能源汽车和智能驾驶技术等领域具有显著优势，并在全球市场上展现出强大的竞争力。

在销售方面，全球汽车市场呈现出多元化的格局。中国和美国作为全球最大的汽车市场，汽车销量一直保持在较高水平。随着经济的增长和消费者购买力的提升，中美两国的汽车销量有望继续保持增长态势。同时，新兴市场如印度、巴西等国家，随着经济的崛起和中产阶级人口的增加，汽车销量也在逐年增长，成为全球汽车市场的重要力量。

二、全球汽车制造业的技术创新动态

全球汽车制造业正处在一个技术创新的黄金时期，智能化、电动化、网联化等趋势共同推动着产业的深刻变革。这些技术创新不仅重塑了汽车产品的形态和性能，还在很大程度上改变了人们的出行方式和生活习惯。

在智能化方面，自动驾驶技术的突破尤为引人注目。近年来，随着人工智能、传感器技术和高精度地图等关键技术的快速发展，自动驾驶汽车已经实现了从实验室到公共道路的跨越。多家知名车企纷纷推出了自己的自动驾驶系统，并在特定场景下进行了商业化试运营。这些系统能够在特定条件下自主控制车辆，实现安全、高效的自动驾驶。同时，车联网技术的普及也为汽车智能化提供了强大的后盾。通过车载设备与外部网络的实时连接，汽车可以获取丰富的信息和服务，从而提升驾驶体验。

在电动化方面，电动汽车的兴起无疑是近年来全球汽车市场的一大亮点。各大车企纷纷加大了在电动汽车领域的投入，推出了多款具有竞争力的电动汽车产品。这些车型不仅在外观设计、性能表现上各具特色，还在智能化、网联化等方面展现了先进的科技实力。

除智能化和电动化外，网联化也是全球汽车制造业技术创新的重要方向。随着 5G、物联网等新一代信息技术的快速发展，汽车与外部环境的连接变得更加紧密和高效。这不仅为汽车提供了更多的信息来源和服务支持，还为车企带来了新的商业模式和盈利空间。例如，通过车载系统提供实时导航、远程故障诊断、娱乐互动等多元化服务，已经成为车企提升品牌价值和用户粘性的重要手段。

三、国际汽车市场的竞争格局与合作趋势

国际汽车市场的竞争格局正经历着深刻的变化。随着全球经济的不断发展和消费者需求的日益多样化，各大车企面临的市场环境愈发复杂和多变。为了争夺市场份额，车企们不断加大在产品研发、品牌营销和市场拓展等方面的投入，力图通过创新和技术领先来赢得竞争优势。

在产品研发方面，车企们纷纷将目光投向新能源汽车、智能驾驶等前沿领域，希望通过技术突破来打造具有市场竞争力的新产品。同时，他们也在不断优化传统汽车产品，提升产品质量和性能，以满足消费者日益升级的需求。

在品牌营销方面，车企们更加注重提升品牌形象和知名度，加强与消费者的情感连接。他们通过举办各种营销活动、赞助体育赛事等方式，积极推广自己的品牌理念和产品特色，以期在激烈的市场竞争中脱颖而出。

在市场拓展方面，车企们不仅注重传统市场的巩固和发展，还积极开拓新兴市场。随着新兴市场经济的崛起和消费者购买力的提升，这些市场正成为全球汽车市场增长的重要动力。车企们通过深入了解当地市场需求和消费者偏好，推出符合当地市场特点的产品和服务，以赢得市场份额。

与此同时，国际汽车市场的合作趋势也愈发明显。面对全球市场的挑战和机遇，各大车企意识到单打独斗难以应对复杂多变的市场环境。因此，他们纷纷寻求与其他车企或相关产业链企业的合作与交流，共同应对市场挑战，推动产业发展。

在技术研发方面，车企们通过建立跨国联盟、合资企业或开展联合研发等方式，加强技术合作与创新。他们共享研发资源和成果，共同攻克技术难题，推动汽车技术的不断进步和升级。

在生产制造方面，车企们通过全球化布局和产业链整合，优化资源配置

和提高生产效率。他们利用不同地区的比较优势，建立全球生产基地和供应链体系，实现规模化生产和成本控制，提升市场竞争力。

在市场营销方面，车企们也积极开展跨国合作和品牌推广活动。他们通过联合营销、品牌联盟等方式，扩大市场份额和品牌影响力。同时，他们还注重与当地政府、行业协会等机构的合作与交流，深入了解当地市场政策和法规环境，为市场拓展提供有力支持。

第二节 中国汽车制造业的发展与挑战

一、中国汽车制造业的发展历程与成就

中国汽车制造业的发展历程可谓波澜壮阔，经历了从起步阶段的摸索到如今的全球领先地位的蜕变。这一过程中，中国汽车产业不仅实现了量的飞跃，更在质的方面取得了显著提升。

在起步阶段，中国汽车制造业主要依赖引进国外技术和合资生产。通过与国际知名汽车企业的合作，中国汽车制造业逐渐掌握了先进的生产技术和管理经验。这一阶段为中国汽车制造业的后续发展奠定了坚实的基础，培养了一大批专业的技术人才和管理团队。

随着技术的不断积累和市场的逐步扩大，中国汽车制造业开始逐渐掌握核心技术，并加大了自主研发的力度。政府也给予了大力支持，通过政策引导和资金投入，推动汽车产业向自主创新、品牌建设等方向发展。这一时期，中国汽车制造业涌现出了一批具有自主知识产权的优秀企业和品牌，如吉利、比亚迪、奇瑞等。

进入 21 世纪，中国汽车市场迎来了爆发式增长。随着经济的快速发展和人民生活水平的不断提升，汽车逐渐成为中国家庭的必备交通工具。中国汽车制造业也迎来了前所未有的发展机遇，产量和规模迅速攀升至全球

前列。

除了在传统汽车领域快速发展，中国汽车制造业还在新能源汽车、智能网联汽车等前沿领域取得了重要突破。特别是在新能源汽车领域，中国已经成为了全球最大的新能源汽车市场和生产国。政府的大力推动和企业的积极响应共同促进了新能源汽车产业的迅猛发展，形成了一定的领先优势。

中国汽车制造业的成就不仅仅局限于产业本身的发展，更在于其对国民经济增长和相关产业链的带动作用。汽车制造业作为国民经济的支柱产业之一，其发展过程中拉动了钢铁、机械、电子等多个相关产业的发展，为整个经济体系的繁荣作出了重要贡献。

二、中国汽车市场的消费特点与需求变化

中国汽车市场正经历着消费特点和需求的深刻变化，这些变化与经济发展、技术进步以及消费者生活方式的转变相联系。

首先，随着居民收入水平的持续提高，人们对汽车的需求从简单的交通工具转变为对品质生活的追求。这一点在中高端汽车市场表现得尤为明显。消费者对汽车的外观设计、内饰工艺、驾驶体验以及品牌附加值等方面的要求越来越高。他们不仅看重汽车的基本性能，还追求个性化定制和专属服务，以满足自身独特的审美和生活方式需求。

其次，新能源汽车市场的蓬勃发展引发了消费者需求的另一大变化。越来越多的消费者开始认识到新能源汽车在环保、节能以及未来可持续性方面的优势，并愿意为之买单。特别是随着电池续航里程的提升、充电设施的完善以及政府政策的支持，新能源汽车正逐渐成为许多家庭的首选。

再次，智能网联技术的迅猛发展也在重塑消费者的汽车需求。车联网、自动驾驶等前沿技术的应用使得汽车不再仅仅是一个独立的交通工具，而是成为了与人们日常生活紧密相连的智能终端。消费者对汽车的期望不再局限

于基本的行驶功能，而是希望其能够提供更多元化的服务，如导航辅助、娱乐互动、远程控制等。这些智能化需求对汽车制造商提出了更高的技术挑战和创新要求。

最后，值得一提的是，中国汽车市场的消费特点还受到地域、年龄、性别等多重因素的影响。不同地区的消费者对汽车类型和品牌有着明显的偏好差异；年轻消费者更注重时尚外观和科技配置，而中老年消费者则更看重舒适性和安全性。这些多样化的需求特点要求汽车制造商在产品开发和市场策略上更加灵活和精准。

三、中国汽车制造业面临的主要挑战与机遇

中国汽车制造业在近年来取得了显著的发展成就，但同时也面临着来自多方面的挑战和机遇。

（一）主要挑战

1. 市场竞争激烈

中国汽车市场历经多年的高速发展，如今已成为全球规模最大、竞争最为激烈的市场之一。众多国内外汽车品牌纷纷涌入，使得市场细分趋势愈发明显。从经济型轿车到豪华轿车，从传统燃油车到新能源汽车，消费者面临着前所未有的多样化选择。这种激烈的市场竞争环境，对中国汽车制造商提出了更高的挑战。

为了在竞争中脱颖而出，中国汽车制造商不仅需要关注产品的性价比，还需要在品牌建设、产品质量和服务体验等方面下足功夫。品牌建设是提升企业形象和产品附加值的关键，产品质量则是赢得消费者信任的基础，而优质的服务体验则能够增强客户的忠诚度和口碑传播。

2. 技术创新压力

在全球汽车产业转型升级的大背景下，新能源汽车、智能网联汽车等领

域的技术创新层出不穷。这些新兴技术的发展不仅改变了传统汽车产业的格局，也为中国汽车制造业带来了新的发展机遇和挑战。

虽然中国汽车制造业在某些领域已经取得了显著的突破，如新能源汽车的电池、电机和电控系统等核心技术，以及智能网联汽车的智能驾驶和车联网技术，但整体上在核心技术的研发和创新能力方面仍有待提升。特别是在电池技术的能量密度、寿命和安全性，以及自动驾驶技术的可靠性和安全性等关键领域，还需要持续加大投入和研发力度。

3. 供应链稳定性风险

全球经济的波动和不确定性对汽车制造业的供应链稳定性构成了严重威胁。原材料价格的波动可能导致生产成本上升，进而影响产品的市场竞争力；而零部件供应的中断则可能直接导致生产停滞，给企业带来巨大的经济损失。

4. 环保和法规要求提高

随着全球对环境保护的日益重视，各国政府都在加强对汽车排放和环保性能的法规要求。这不仅包括对传统燃油车的排放标准进行更为严格的限制，还包括对新能源汽车的推广和激励政策。这些法规要求的提高给中国汽车制造业带来了新的挑战和机遇。

（二）机遇

1. 新能源汽车市场增长

随着全球对可持续发展的日益重视，新能源汽车市场迎来了快速增长的机遇。这一趋势为中国汽车制造业提供了新的发展动力。中国作为全球最大的汽车市场之一，对新能源汽车的需求尤为旺盛。

新能源汽车市场的增长不仅为中国汽车制造业带来了广阔的市场空间，还促使企业加大在新能源技术研发和产品创新方面的投入。这将有助于提升中国汽车制造业在全球市场的竞争力，并推动中国汽车制造业向更高端、更绿色的方向转型升级。

2. 智能网联技术发展趋势

智能网联技术的迅猛发展正深刻改变着汽车制造业的格局。这一技术趋势为中国汽车制造商带来了巨大的发展机遇。通过整合互联网、大数据、人工智能等先进技术，智能网联汽车能够实现更加智能化、个性化的驾驶体验，满足消费者对高品质生活的追求。

中国汽车制造商在智能网联技术领域具备后发优势，可以通过加强技术创新和市场拓展，实现产业的快速升级和转型。这将有助于提升中国汽车制造业在全球价值链中的地位，并推动形成具有国际竞争力的智能网联汽车产业集群。

3. 全球化市场机遇

随着高质量共建"一带一路"，中国汽车制造商迎来了走向海外市场的宝贵机遇。通过参与全球竞争，中国汽车制造商不仅可以扩大市场份额，提升品牌知名度和国际影响力，还可以学习到国际先进的管理经验和技术知识，推动企业的持续发展。

在全球化市场机遇下，中国汽车制造商应积极拓展海外市场，加强与国际汽车制造商的合作与交流，提升自身的国际化水平和综合竞争力。这将有助于中国汽车制造业在全球市场中占据更有利的地位，实现更长远的发展。

4. 消费者需求升级

随着消费者生活水平的提高和审美观念的变化，他们对汽车的需求从简单的交通工具向高品质生活体验转变。这种需求升级为中国汽车制造业提供了更多的创新空间和市场机会。

为了满足消费者多样化的需求，中国汽车制造商应注重产品研发和设计，推出更具创新性和个性化的产品。同时，还应加强品牌营销和服务体系建设，提升消费者对产品的认知度和满意度实现持续稳健的发展。

第三节　未来汽车制造业发展趋势预测

一、智能化、电动化、网联化趋势分析

未来汽车制造业的发展将深受智能化、电动化、网联化三大核心趋势的驱动。这些趋势不仅会重塑汽车产品的形态和性能，还会深刻影响汽车制造的生产方式、市场格局以及消费者的用车体验。

（一）智能化趋势

智能化趋势正深刻影响着汽车产业，引领着未来汽车发展的方向。这一趋势主要体现在自动驾驶、智能座舱以及高级驾驶辅助系统（ADAS）等多个关键领域，它们共同构成了智能化汽车的核心架构。

首先，自动驾驶技术是智能化趋势的重要体现。随着人工智能、传感器技术以及计算能力的持续进步，汽车正逐步具备更高级别的自动驾驶功能。从当前的 L2+ 级别自动驾驶开始，汽车已经能够在特定情况下辅助驾驶者进行部分驾驶任务，如自动泊车、自适应巡航等。未来，随着技术的不断发展，汽车将逐渐迈向 L3、L4 甚至 L5 级别自动驾驶，实现在特定场景乃至全场景下的自动驾驶。这将极大地提高行驶的安全性和舒适性，为驾驶者带来全新的驾驶体验。

在自动驾驶技术的实现过程中，传感器技术发挥着至关重要的作用。激光雷达、摄像头、超声波传感器等设备的广泛应用，使得汽车能够实时感知周围环境，为自动驾驶提供精确的数据支持。同时，人工智能技术的深入应用也使得汽车具备了更强的学习和决策能力，能够根据不同场景做出合理的驾驶判断。

其次，智能座舱技术是智能化趋势的另一大亮点。随着消费者对驾驶体

验要求的不断提高，智能座舱技术得到了飞速发展。通过自然语言处理、语音识别等技术，驾驶者可以更加便捷地与汽车进行交互，轻松控制导航、娱乐、空调等车载系统。这种人性化的交互方式不仅提高了驾驶的便捷性，也使得驾驶过程更加安全、舒适。

此外，智能座舱还将融入更多智能家居和智能办公的元素，使汽车成为一个移动的智能空间。例如，驾驶者可以在车内通过语音控制家中的智能设备，实现远程操控；同时，也可以在车内进行视频会议、处理办公文件等工作，充分利用碎片时间，提高工作效率。

最后，高级驾驶辅助系统（ADAS）也是智能化趋势的重要组成部分。ADAS通过摄像头、雷达等传感设备获取环境数据，为驾驶者提供实时的驾驶辅助信息。例如，车道偏离预警系统可以在车辆偏离车道时及时提醒驾驶者；自动紧急制动系统可以在检测到前方障碍物时自动刹车，避免碰撞事故的发生。这些高级驾驶辅助系统的应用，极大地提高了驾驶的安全性，降低了交通事故的发生率。

（二）电动化趋势

电动化趋势已经成为全球汽车制造业不可逆转的潮流，这一趋势在近年来愈发明显，并且未来将继续加速发展。新能源汽车市场，特别是纯电动汽车（BEV）和插电式混合动力汽车（PHEV）的市场份额，正以前所未有的速度增长，预示着传统燃油车市场将逐渐让位于更加环保、高效的电动汽车。

这一变革的核心驱动力之一是电池技术的突破。固态电池、锂空气电池等新兴技术的商业化应用，为电动汽车的续航里程带来了质的飞跃。这些新型电池不仅能量密度更高，而且充电速度更快。续航里程的显著提升和充电时间的大幅缩短，极大地缓解了消费者对电动汽车"里程焦虑"和"充电不便"的顾虑，从而加速电动汽车的普及。

除电池技术的突破外，充电基础设施的完善也是电动化趋势得以快速发展的重要因素。随着公共充电桩、换电站等基础设施建设的不断推进，电动汽车的充电网络日益密集，为电动汽车的日常使用提供了有力保障。这不仅提升了电动汽车的便利性，也增强了消费者对电动汽车的信心和接受度。

此外，政府政策的支持在推动电动化趋势中发挥了关键作用。各国政府纷纷出台购车补贴、减免税收等政策措施，以降低电动汽车的购车成本和使用成本，刺激消费者的购买意愿。这些政策不仅直接促进了电动汽车市场的扩大，还带动了相关产业链的发展，形成了良性循环。

电动化趋势的加速发展将对汽车制造业产生深远影响。它不仅改变了汽车市场的格局，还推动汽车制造业向更加绿色、可持续的方向发展。同时，电动化趋势也将为汽车制造业带来新的增长点和商机，为整个行业的创新和升级提供强大动力。因此，对于汽车制造商和相关产业链企业来说，紧跟电动化趋势，加大在新能源汽车领域的投入和布局，将是未来发展的重要战略方向。

（三）网联化趋势

网联化趋势标志着汽车制造业正式迈入全面互联的时代。通过车联网技术，汽车与道路基础设施、其他车辆以及行人之间建立起紧密的信息交互网络，实现全方位的互联互通。这一变革不仅显著提升道路交通的效率和安全性，还将为汽车制造商和消费者带来前所未有的机遇和便利。

首先，网联化的核心在于车路协同系统（V2X）的广泛应用。该系统能够实时交换车辆与道路之间的信息，包括交通信号状态、道路拥堵情况、障碍物位置等，从而帮助驾驶者提前感知交通状况并做出相应调整。这种智能化的交互方式将大大减少交通事故的发生，提高道路通行效率，为驾驶者带来更加安全、顺畅的驾驶体验。

其次，网联化趋势也为汽车制造商提供了新的商业模式和服务机会。通过车联网技术，汽车制造商可以实时收集并分析车辆使用数据，深入了解消费者的用车习惯和需求。这些数据不仅有助于汽车制造商优化产品设计，开发出更加符合市场需求的新车型，还可以为其拓展新的服务领域提供有力支持。例如，基于车联网的远程诊断技术可以帮助汽车制造商及时发现并解决车辆潜在问题，提高售后服务质量；而预测性维护服务则能够根据车辆使用数据预测零部件的寿命和故障风险，为消费者提供更加个性化的保养方案。

此外，网联化还将推动汽车产业与其他产业的深度融合。通过与智能交通系统、智慧城市等领域的协同合作，汽车成为连接各个产业的重要纽带，从而构建一个更加智能、高效的城市生态系统。例如，在智能交通领域，网联化汽车可以与交通管理系统实现实时数据共享，为城市交通规划和调度提供有力支持；在智慧城市领域，网联化汽车则可以与智能路灯、智能垃圾桶等公共设施进行互联互通，共同推动城市的可持续发展。

二、可持续发展与环保要求对汽车制造业的影响

随着全球气候变化的加剧和环境保护意识的提升，可持续发展与环保要求已经成为汽车制造业不可忽视的重要因素。这一趋势对汽车制造商产生了深远的影响，推动了行业的变革和创新。

首先，汽车制造商将面临更加严格的环保法规和标准。各国政府为了应对气候变化和环境污染问题，制定了更为严格的汽车排放标准，要求汽车制造商降低汽车的能耗和减少污染物的排放。例如，欧洲联盟已经实施了严格的汽车碳排放标准，对未达到标准的汽车制造商进行处罚。这将迫使汽车制造商加大在环保技术研发和应用上的投入，以满足日益严格的法规要求。

其次，可持续发展和环保要求将推动汽车制造业加快研发和应用节能环保技术。为了提高汽车的燃油经济性和降低能耗，汽车制造商正在不断探索新的发动机技术、轻量化材料以及优化车身结构等方法。例如，采用先进的涡轮增压发动机技术、混合动力系统以及使用更轻、强度更高的新型材料，可以有效降低汽车的能耗和排放。

再次，新能源汽车特别是电动汽车的推广将成为实现可持续发展的重要途径。电动汽车以其零排放、低能耗的特点，成为了未来汽车发展的重要方

向。各国政府都在大力推动电动汽车产业的发展，通过提供购车补贴、建设充电基础设施等措施来鼓励消费者购买和使用电动汽车。这将为汽车制造商带来新的市场机遇，同时也要求其加快在电动汽车技术研发和生产布局上的步伐。

最后，可持续发展和环保要求还将对汽车制造业的供应链产生影响。汽车制造商需要与环保材料供应商、可再生能源供应商等建立紧密的合作关系，以确保其产品的环保性能和可持续性。同时，汽车制造商还需要加强废弃汽车的回收和再利用工作，以减少对环境的污染和资源的浪费。

三、新兴市场对全球汽车制造业的潜在影响

新兴市场，特别是亚洲、非洲和拉丁美洲等地区，正逐渐成为全球汽车制造业的重要增长引擎。这些市场的持续增长不仅为全球汽车制造商提供了新的销售渠道和利润增长点，还对全球汽车制造业的格局和未来发展产生了深远影响。

首先，新兴市场的消费者需求日益多样化，对汽车品质、价格和性能等提出了更高要求。随着经济的发展和生活水平的提高，越来越多的消费者开始追求高品质的汽车生活。他们不仅关注汽车的基本性能和价格，还注重车辆的外观设计、内饰舒适度、智能化配置以及品牌口碑等。为了满足这些多样化的需求，汽车制造商必须不断加强本地化生产和研发，深入了解当地市场的消费习惯和偏好，推出符合当地消费者需求的汽车产品。

其次，新兴市场的政策环境和基础设施建设也对汽车制造业的发展产生了重要影响。许多新兴市场国家为了推动本国汽车产业的发展，出台了各种优惠政策和扶持措施，如提供税收优惠、降低进口关税、鼓励本地生产等。这些政策为汽车制造商进入新兴市场创造了有利条件，同时也加剧了当地市场的竞争。此外，新兴市场在基础设施建设方面也在不断加大投入，特别是交通网络和充电设施的建设，为汽车的普及和使用提供了更好的条件。

最后，新兴市场的崛起还推动了全球汽车制造业的供应链重组和产能布局调整。为了满足新兴市场的需求，许多汽车制造商开始将生产线转移到这些地区，建立本地化的生产基地和供应链体系。这不仅有助于降低生产成本和提高市场响应速度，还可以更好地适应当地市场的变化和风险。同时，新兴市场的原材料和零部件供应商也逐渐成为全球汽车供应链的重要组成部分，为全球汽车制造业的发展提供了有力支持。

第三章　汽车制造业技术革新与人才需求变化

第一节　汽车制造业的技术革新趋势

一、智能化技术在汽车制造中的应用与发展

智能化技术正以前所未有的速度改变着汽车制造业的面貌。从生产流程的自动化优化到供应链管理的高效协同，再到产品质量与性能的全面提升，智能化技术已成为推动汽车制造业持续创新和升级的关键力量。

首先，智能制造与智能工厂的概念在汽车生产领域得到了广泛应用。通过引入高度自动化的生产线和智能机器人技术，汽车制造商能够实现生产过程的精准控制和高效执行。这不仅显著提高了生产效率，降低了人力成本，还有效提升了产品质量的稳定性和一致性。

其次，在关键环节如焊接、装配和检测中，智能化技术的应用正日益深入。例如，使用先进的机器人技术和传感器系统，汽车制造商能够实现高精度、高速度的焊接和装配作业，大幅提升生产效率和产品质量。同时，智能检测系统能够实时监控生产过程中的质量波动，及时发现并处理潜在问题，从而确保每一辆下线汽车都符合质量标准。

此外，智能物流系统也在汽车制造业中扮演着越来越重要的角色。通过集成物联网、大数据和人工智能等技术，智能物流系统能够实现供应链各环节的无缝衔接和高效协同。这不仅有助于汽车制造商优化库存管理、提高物料配送效率，还能为其提供更加精准的市场需求预测和生产计划安排。

二、电动化技术推动汽车制造业的转型

电动化技术作为汽车制造业的一大革新力量，正在深刻改变着传统汽车产业格局。这一变革不仅响应了全球对环保和可持续发展的迫切需求，更在技术层面为汽车制造业带来了前所未有的转型机遇。

首先，电动化技术的核心在于电池、电机、电控等关键零部件的研发与生产。随着锂离子电池技术的不断进步，电池的能量密度逐渐提高，充电时间也在大幅缩短，这使得电动汽车的续航里程得到了显著提升。

其次，电动化技术的推广还带动了充电设施、电池回收等配套产业的快速发展。为了满足电动汽车日益增长的充电需求，各国政府和企业都在加大充电基础设施的建设力度，包括公共充电桩、换电站等多种形式的充电设施。此外，电池回收和再利用也成为了一个重要的议题，以确保电动汽车产业的可持续发展。

汽车制造业在电动化转型中展现出了积极的态势。众多汽车制造商纷纷投入巨资进行电动汽车的研发和生产，推出了越来越多具有竞争力的电动汽车产品。这些产品在市场上受到了消费者的热烈欢迎，推动了电动汽车市场份额的快速增长。

三、网联化技术带来的汽车制造业变革

网联化技术作为当今汽车制造业的关键革新方向，正引领着行业向更加智能、互联的未来迈进。车联网技术使得汽车不再是孤立的个体，而是成为与其他车辆、道路基础设施以及云端平台紧密相连的智能节点。

网联化技术的引入为汽车制造业带来了深远的影响。首先，在安全性方面，车联网技术使得车辆能够实时感知周围环境，与其他车辆和道路基础设施进行通信，从而有效避免碰撞。这种技术革新不仅提升了驾驶的安全性，

也为乘客提供了更加舒适的出行体验。

其次，在商业模式和服务机会上，网联化技术为汽车制造商开辟了全新的领域。汽车制造商与科技公司、通信运营商等合作伙伴共同研发和推广车联网技术，将其应用于远程控制、预测性维护、智能导航等创新服务中。这些服务不仅为消费者提供了更加便捷和智能的用车体验，也为汽车制造商创造了新的盈利点。

此外，网联化技术还推动了汽车制造业的产业升级和转型。随着5G、V2X等技术的不断成熟和应用，车联网的通信速度和稳定性得到了显著提升，为自动驾驶、智能交通等高级应用提供了强有力的支持。汽车制造商需要紧跟技术发展趋势，加大在网联化技术方面的研发投入，以保持在激烈市场竞争中的领先地位。

第二节　技术革新对汽车制造业人才需求的影响

一、技术革新对汽车制造岗位技能要求的变化

技术革新在汽车制造业的深入推进，正促使岗位技能要求发生根本性的转变。过去，汽车制造业主要依赖传统的机械制造技能，但如今，这一局面已被打破，对从业者的技能要求也随之升级。

在电动化领域，电动汽车的兴起意味着电池、电机和电控技术成为了核心。因此，从业者需要掌握电池管理系统的原理和维护方法，了解电机控制系统的设计和调试技巧。此外，随着新型电池技术的不断涌现，如钠离子电池、固态电池等，从业者还需具备快速学习新技术和适应新变化的能力。

在智能网联汽车领域，岗位技能要求的变化更为显著。从业者不仅需要熟悉传统的车辆工程知识，还需掌握网络通信、数据处理和网络安全等前沿技术。例如，他们需要了解车辆如何与云端平台、其他车辆以及道路基础设

施进行实时通信，如何实现高效的数据传输和处理，以及如何确保网络通信的安全性。

同时，随着自动化和机器人技术在汽车制造业的广泛应用，从业者还需具备一定的自动化技术能力。他们需要了解自动化生产线的运行原理，掌握与机器人的协同作业技巧，以及具备解决自动化生产过程中可能出现问题的能力。

二、新兴技术领域对汽车制造业人才的吸引与挑战

新兴技术领域，尤其是人工智能、大数据和云计算，正逐渐渗透到汽车制造业的各个环节，为行业带来了翻天覆地的变化。这些技术的引入不仅提升了汽车产品的智能化和网联化水平，更对汽车制造业的人才结构提出了新的要求。

首先，新兴技术领域的专业人才在汽车制造业中的需求正迅速增长。他们具备深厚的技术功底和创新能力，能够为汽车产品的智能化、网联化提供关键技术支持。例如，人工智能专家可以助力开发更智能的驾驶辅助系统；大数据分析师则能挖掘海量数据中的价值，为产品设计和市场策略提供有力依据。

然而，吸引这些新兴技术领域的专业人才也面临诸多挑战。首要的是薪酬待遇问题。由于这些人才在市场上的稀缺性，他们往往能获得更高的薪资和福利。因此，汽车制造业需要提供具有竞争力的薪酬待遇，以吸引并留住这些关键人才。

除了薪酬待遇，良好的职业发展前景也是吸引人才的重要因素。新兴技术领域的专业人才通常更注重个人成长和职业发展。因此，汽车制造业需要为他们提供广阔的职业发展空间，包括晋升机会、专业培训以及参与重大项目的机会等。

此外，创新的工作环境同样至关重要。这些人才倾向于在充满活力和创

新的环境中工作，以便更好地发挥他们的创造力和技术专长。因此，汽车制造业需要营造一种开放、包容和鼓励创新的文化氛围，以激发他们的创新潜能。

三、跨界融合技能在汽车制造业中的重要性日益凸显

随着科技的飞速发展和全球化的深入推进，跨界融合已经成为汽车制造业发展的新趋势。在这一背景下，具备跨界融合技能的复合型人才显得尤为重要，他们不仅能够应对行业内的技术挑战，还能引领创新，推动汽车制造业的持续发展。

跨界融合技能的重要性首先体现在汽车设计领域。传统的汽车设计主要关注造型和美学，而现代汽车设计已经远远超出了这一范畴。如今，汽车设计师不仅需要掌握造型设计的基本技能，还需要深入了解新材料、新技术的应用，以便在设计中融入更多的创新元素。例如，使用轻量化材料来降低车身重量，提高燃油经济性；或者应用先进的智能驾驶技术，提升驾驶的安全性和舒适性。此外，用户心理学在汽车设计中也扮演着越来越重要的角色。设计师需要深入了解消费者的需求和喜好，以便设计出更加符合市场需求的汽车产品。

在汽车营销领域，跨界融合技能同样不可或缺。随着数字化和电子商务的快速发展，传统的营销方式已经不能适应市场的变化。因此，汽车营销人员需要具备数据分析、电子商务等跨界技能，以便更好地开展市场推广和客户服务工作。例如，通过数据分析来精准定位目标客户群体，制定个性化的营销策略；或者利用电子商务平台来拓展销售渠道，提升品牌知名度和市场份额。

此外，在智能网联汽车和电动汽车等新兴领域，跨界融合技能的重要性更加凸显。这些领域的发展涉及多个学科和技术的交叉融合，如计算机科学、电子工程、材料科学等。因此，具备跨学科、跨领域知识和能力的

复合型人才将在这些领域发挥关键作用，推动汽车制造业的技术创新和产业升级。

第三节　适应技术革新的人才培养策略

一、强化基础学科教育，培养创新型人才

基础学科教育在人才培养体系中占据着举足轻重的地位，它是构建专业知识体系、培养创新思维和解决问题能力的基础。对于汽车制造业这一技术密集型行业来说，强化基础学科教育显得尤为重要。

首先，数学、物理、化学等基础学科为学生提供了分析问题和解决问题的基本工具。在汽车制造业中，无论是车辆设计、动力系统开发，还是智能制造、新材料应用，都离不开这些基础学科的支撑。例如，数学中的建模和数据分析方法可以帮助工程师优化设计方案，提高产品的性能和质量；物理学原理则在车辆动力学、能源转换等方面发挥着重要作用；而化学知识则对于新材料研发、电池技术改进等关键领域至关重要。

其次，基础学科教育有助于培养学生的逻辑思维和创新能力。通过学习基础学科，学生可以掌握科学的研究方法，形成严谨的逻辑思维习惯，这对于解决复杂的工程问题和技术挑战至关重要。同时，基础学科教育还能够激发学生的好奇心和探索精神，培养他们的创新意识和实践能力。在汽车制造业技术革新日新月异的背景下，具备创新思维的人才能够不断推动行业向前发展。

因此，为了适应汽车制造业技术革新的需要，必须强化基础学科教育。这包括提高基础学科的教学质量，加强学科交叉融合，以及鼓励学生参与科研实践和创新活动。这些措施可以为学生后续的专业学习和职业发展打下坚实基础，同时也有助于培养具有创新思维和解决问题能力的新型人才，为汽

车制造业的持续发展和技术革新提供有力的人才保障。

二、推动跨学科教育，培养复合型人才

跨学科教育作为当今教育改革的前沿领域，受到各界的广泛关注。对于汽车制造业这一技术密集型且不断创新的行业而言，推动跨学科教育显得尤为迫切和重要。

首先，跨学科教育有助于打破传统学科之间的壁垒，促进知识的交叉融合。在汽车制造业中，智能化、电动化、网联化等技术的融合发展已经成为不可逆转的趋势。这些技术的融合不仅涉及机械工程、电子工程等传统学科，还与计算机科学、数据科学、人工智能等新兴学科紧密相连。跨学科教育可以帮助学生建立宽广的知识视野，掌握多学科的研究方法和技能，从而更好地适应这种技术融合的发展趋势。

其次，跨学科教育有助于培养具有解决复杂问题能力的复合型人才。在汽车制造业中，随着技术的不断进步和市场竞争的日益激烈，企业面临的问题越来越复杂多变。这些问题往往涉及多个学科领域，需要具备多学科背景的人才来共同解决。跨学科教育可以培养学生的系统思维能力和团队协作能力，使他们能够更好地理解和解决这些复杂问题。

此外，跨学科教育还有助于推动汽车制造业的创新和发展。创新是汽车制造业持续发展的核心动力，而跨学科教育正是培养创新型人才的重要途径。通过跨学科教育，可以激发学生的创新意识和创造力，培养他们勇于探索、敢于实践的精神。这些创新型人才可以为汽车制造业带来新的理念、新的技术和新的产品，从而推动整个行业的创新和发展。

三、加强实践教育，培养应用型人才

实践教育在人才培养过程中占据着举足轻重的地位，尤其对于汽车制造

业这种注重技术和应用的行业来说，其重要性更是不言而喻。通过实践教育，学生不仅能够将理论知识与实际操作相结合，提升解决实际问题的能力，还能更好地了解行业发展的前沿动态，为未来的职业生涯做好充分准备。

首先，加强实践教育有助于学生将理论知识转化为实际应用能力。汽车制造业是一个高度技术化的行业，要求从业人员不仅具备扎实的理论基础，还需要有熟练的操作技能。通过校企合作、实训基地建设等方式，学生可以接触到真实的生产环境和先进的设备技术，从而获得宝贵的实践经验。这种实践经验能够帮助学生深化对理论知识的理解，提升他们的技术应用能力，使他们在未来的工作中能够迅速适应岗位要求，发挥出自己的专业优势。

其次，实践教育有助于学生更好地了解行业需求和市场动态。在实践过程中，学生有机会与业内专家和企业人员进行深入交流，了解行业发展的最新趋势和市场需求。这样不仅能够帮助学生调整自己的学习方向和职业规划，还能够使他们在未来的就业市场中更具竞争力。同时，通过实践教育，学生还可以培养自己的职业素养和团队协作能力，为未来的职业发展奠定坚实基础。

最后，加强实践教育是培养应用型人才的重要途径。应用型人才是汽车制造业发展的中坚力量，他们具备扎实的理论基础和丰富的实践经验，能够解决实际生产中的问题，推动企业的技术创新和产业升级。因此，相关教育机构应加强与企业的合作，共同打造实践教育平台，为学生提供更多的实践机会和职业发展资源，培养出更多符合行业需求的应用型人才。

第四章　汽车制造与试验技术人才培养

第一节　汽车制造与试验技术人才需求分析

一、当前及未来汽车制造与试验技术岗位的需求预测

（一）全球汽车制造业演进与技术岗位需求增长

随着全球汽车制造业的不断演进，特别是电动汽车、智能网联汽车等技术的迅猛发展，汽车制造与试验技术岗位正经历着前所未有的变革。这一变革既包括了传统汽车制造领域的岗位转型和升级，也涵盖了新兴技术领域对专业人才的迫切需求。

首先，传统汽车制造领域的岗位正面临着转型和升级的压力。随着电动汽车技术的普及，传统燃油车的生产逐渐减少，这使得与之相关的岗位需求发生了变化。一方面，传统的机械、电气等汽车制造岗位需要不断适应新技术的发展，掌握电动汽车的制造和装配技能；另一方面，随着汽车智能化水平的提高，对具有电子技术、计算机科学等背景的人才的需求也在不断增加。

其次，新兴技术领域对专业人才的迫切需求更加凸显了汽车制造与试验技术岗位的增长趋势。电动汽车、智能网联汽车等领域的发展，使得汽车行业对电池技术、车载系统、自动驾驶等方面的专业人才需求激增。这些新兴领域不仅需要具备传统汽车制造技能的人才，更需要拥有跨学科知识和创新能力的高素质人才。

此外，汽车制造业的全球化发展也进一步推动了汽车制造与试验技术岗

位的增长。随着全球汽车市场的不断扩大和国际贸易的日益频繁，汽车制造商需要不断拓展其生产和服务网络，这使得汽车制造与试验技术岗位在全球范围内呈现出稳步增长的态势。

（二）汽车研发、生产制造、质量检测与控制环节的关键岗位

在汽车制造业的价值链中，汽车研发、生产制造、质量检测与控制无疑是核心环节，这些环节对于汽车制造与试验技术人才的需求尤为迫切。

汽车研发是汽车产业的创新源头，它涉及到汽车产品的设计、开发和优化。在这个领域，专业的研发人员扮演着至关重要的角色。他们需要掌握先进的设计理念和技术手段，如计算机辅助设计（CAD）、计算流体力学（CFD）等。此外，研发人员还需要密切关注行业动态和技术发展趋势，以确保所设计的产品符合市场需求并具备竞争优势。

研发岗位包括但不限于汽车总布置工程师、汽车车身工程师、汽车底盘工程师等，他们分别负责汽车的整体布局设计、车身结构设计以及底盘系统的开发等工作。这些岗位需要具备深厚的专业知识和丰富的实践经验，以应对研发过程中的各种挑战。

【例如】研发领域所需要专业能力

典型岗位：

项目管理、项目管理工程师、汽车项目管理、汽车设计工程师、项目经理、汽车研发／项目管理、汽车产品工程师、研发总监、产品工程师、项目工程师。

专业能力：

①能够进行塑料件产品设计，完成塑料件产品三维数据设计和二维图纸绘制。

②具有较强的沟通和组织协调、计划和归纳总结、应变和决策及时间管理能力，具备一定的统筹和综合管理能力，具有良好的团队合作意识和较强

的风险意识及风险管控能力。

③能够负责整车总布置方案及工程设计，造型工程可行性分析及方案确认，协助数据和 BOM 管理工作。

④熟悉整车总体开发流程、设计标准及法规。

⑤负责塑料原材料的选型及熟悉原材料特性。

⑥熟悉塑料件的模流分析，具有模具分析能力。

⑦能够协助创新团队落地相关创新塑料件产品。

⑧能够完成产品数据、图纸和材料清单（BOM）表等工程技术文件。

⑨能够对供应商和工厂提供技术支持和技术指导，协同完成生产线和零部件开发。

⑩能够在主设计指导下完成小灯类产品的设计工作。

⑪熟悉设计软件的同时，协助灯具的 RP 件，T0–T2 样件改善工作，熟悉产品。

⑫能够协助主设计完成 APQP 资料的编制，如 DFEMA、产品特殊特性清单、DBOM 等。

⑬具有熟练使用 UG，CATIA 等三维软件的能力。

⑭能够负责皮卡 /SUV 平台总体布置法规符合性分析及方案研究。

⑮能够负责皮卡 /SUV 平台前期方案预研。

⑯能够负责皮卡 /SUV 平台新能源架构研究及总体布置方案的研究。

⑰具有三年机械布置与人机分析等总体设计经验。

⑱具有熟练操作计算机应用软件（CATIA）的能力，英语通过 CET。

⑲能够根据客户 SOR 进行产品前期分析，提供报价 BOM，协助项目经理完成报价。

⑳能够根据客户效果图，CAS 输入，完成 3D 数据的建模。

㉑能够完成 APQP 资料的编制，如 DFEMA、产品特殊特性清单、DBOM 等。

㉒熟知项目手册、APQP、PPAP、FM。

㉓能够负责设计部订单设计、审核等工作。

㉔能够制订详细技术方案，组织评审，推进 3D/2D 数据规范化及系统录入。

㉕能够建立并管理 BOM、ECR、DFMEA 及其他设计开发过程文件。

㉖能够负责新产品的设计开发及进度的直接推进工作。

㉗能够负责产品结构设计，并负责 BOM 等设计文件的编制。

㉘了解车辆与发动机的构造和原理。

㉙具有熟悉新产品开发流程，良好的项目管理能力。

㉚熟悉常用新产品开发工具，包括 GD&T、FMEA、QFD、DOE、PPAP 等。

㉛能够组织完成项目各阶段样件试制计划，设计样件加工工艺（工装、流程、设备等），制订必需的样件加工工艺文件，完成 DV&PV 样件、标准样件的加工和交付。

㉜能够参与新项目的工装（模具、专用检具、焊接夹具、锯切夹具等）评审、调试及验收。

㉝能够负责新物料认可（物料开模基础信息按模板提供）。

㉞能够负责维护 CAMDS IMDS 数据工作。

㉟能够负责设备互联、人机互联、供需互联等产品落地，新能源数字工厂落地，特定设备 Smart 化及数据赋能设备智能化，提升效能方案落地等工作。

㊱熟悉计算机软硬件技术知识、网络及安全硬件设备技术知识、主流虚拟化管理平台技术知识、系统掌握公司 I 系统运营全面技术，熟悉企业内部信息系统的架构、运作，具有丰富的信息化实施经验。

㊲熟悉流程架构规划方法论，精通项目管理，熟练掌握企业运营流程知识，对流程建设、授权体系建设相关项目有丰富的咨询或实务经验，有公司流程变革项目管理技能。

㊳能够负责座椅塑料件、骨架、扶手、整椅等设计开发工作。

㊴能够独立完成新产品或部件的结构设计和改进方案，保证塑料产品建

模质量。

㊵能够根据客户设计要求，运用UG/CATIA独立完成汽车座椅结构设计与改型。

㊶熟悉汽车座椅的开发过程，熟悉汽车座椅的结构、工艺特点。

㊷熟练掌握CAD、CATIA软件的应用。

㊸具备较好的运动结构设计能力，对注塑件、压铸件具备一定的设计认知，会简易工业外观设计及人机工程学更佳。

㊹熟悉医疗设备的机械和电气的工作原理，熟练使用各种设计软件。

㊺了解并研究行业最新产品的技术发展方向，制定公司技术发展战略，保持公司技术及产品的先进性。

㊻能够根据项目及客户要求完成加热垫产品设计，依照APQP流程参与项目小组。

㊼具有熟练应用CATIA/UG软件的能力。

㊽能够结合公司战略发展、品牌定位、新品研发整体规划，制定新品研发方向。

㊾能够完成部门制度流程的调整、优化、审核。

㊿能够以技术中心为平台，利用集团PLM系统把公司现有产品管理起来，同时负责公司新产品的研发工作。

(51)能够建立企业质量管理体系，制定并维护质量管理制度。

(52)能够主持、参与CNAS国家实验室认可等各项资质的申报、扩项、延续等工作。

(53)具备宽广的视野和创新意识，对产品有较深刻的认识和理解，并能结合国内外先进技术规划和落地产品。

(54)能够负责该平台外贸产品的特殊订单评审工作。

(55)能够负责平台产品市场研究工作，正向了解分析市场需求。

(56)能够根据竞品产品，调整策划我司平台产品。

(57)能够参与量产与概念汽车的整车及零部件设计项目工作。

㊺ 能够参与运用视频/VR/渲染图等方式简单展现设计方案。

㊾ 能够负责新产品的试制和管理工作，参与产品试制过程，组织解决试制及生产过程中设计相关的技术问题，指定输入文件。

⑥ 能够对产品的技术规格、功能特性等进行具体的分析及确认，对相关技术标准/图纸等的准确性、完整性负责。

㉑ 有独立完成产品设计或工艺设计、产品实现的经验，懂 ISO1TS16949 体系的运行。

㉒ 能够负责侧围、白车身及关键总成测点规划及功能尺寸设计，测点图输出及审核管理工作。

㉓ 能够负责侧围、白车身夹具预验收，慢焊调试工作。

㉔ 能够负责侧围、白车身精度达成工作，推进外协件问题整改。

㉕ 能够负责侧围、白车身投产阶段综合问题分析支持工作。

㉖ 熟悉整车结构及整车开发流程，熟悉冲压、焊接工艺工作。

㉗ 能够参与 OEM 前期的技术研讨和技术交流，完成三角窗等产品的 RFQ，助力承接三角窗业务。

㉘ 能够负责三角窗系列产品的设计标准制作，带领和指导低阶设计工程师完成三角窗设计。

㉙ 具有熟练运用 UG 或 CATIA 造型软件的能力，掌握玻璃包胶注塑相关工艺知识。

㉚ 能够掌握一定冲压、焊接工艺。

㉛ 熟悉产品开发和设计评审流程。

㉜ 能够对新项目进行前期评估，主导线束设计，包括线束选型、扎带卡扣设计、线束走线等。

㉝ 具有熟练使用 UG、SoilWorks、CAD 等软件进行线束布线及电器结构设计等工作的能力。

㉞ 能够进行技术评审，同客户技术交流，编制产品报价技术方案。

㉟ 能够按技术标准及进度要求进行产品的同步设计，含技术交流、建数

模、出二维图纸等。

⑯ 能够组织设计评审并输出设计评审检查表、问题点清单、DFMEA、DVP、特殊特性清单等。

⑰ 具备中级及以上三维软件（UG/CATIA 等）操作能力，包含 3D 建模及 2D 图纸绘制。

⑱ 能够负责公司换流器（PCS）产品规划、业务流程设计、功能设计、产品优化等工作。

⑲ 能够制订换流器（PCS）产品需求开发计划，撰写产品功能需求说明书，负责需求的跟踪和控制工作。

⑳ 能够根据产品规划，组织需求调研、产品设计及产品可行性分析等。

㉑ 能够参与设计创新产品业务系统，系统研发及业务管理，制定产品业务规范，整理、完善产品文档、业务流程及相关内容。

㉒ 支持公司 VAVE 的整体安排，根据部门特点，提出相对应的 VAVE 方案，并与相关部门一道推进落实工作。

㉓ 对光学成像、照明设计、元器件选型有比较丰富的经验。

㉔ 熟悉多种光学系统的特性和成像质量评价指标。

㉕ 能够根据公司战略规划，组织部门的技术开发团队建设，规划公司的技术发展路线和新产品开发、技术改良，实现公司的技术创新目标。

㉖ 能够带领研发团队完成对可穿戴新产品的工业设计，包括产品结构设计、硬件及传感器、材料等关键技术突破。

㉗ 有参与 Android IOS 底层框架、MTK、展讯、高通等芯片及协议栈开发经验。

㉘ 能够配合产品中心制定实施产品线的产品开发（嵌入式板载系统）、ID 及结构，通信模组的定义、研发设计方案。

㉙ 能够参与制定公司产品的发展战略、年度项目计划和研发部的预算方案。

㉚ 持续关注产品技术前沿，竞品、市场以及行业相关法律法规的最新动

态，收集市场开发的研发性数据。

(91) 能够配合销售部开展工作，对市场售后人员提供必要的技术支持和售后工程技术培训。

(92) 能够负责新产品预演、设计、评估、立项、EVT、DVT、PVT、结案等整个阶段的管理和异常问题的有效解决处理。

(93) 能够根据国内外的需求与动态，不断改进与完善现有产品的性能，降低生产成本，提高产品竞争力。

(94) 能够负责整车制造公司多个岗位设计、测试、协调管理等工作。

(95) 能够协助公司进行 ERP 系统开发与数据维护。

(96) 能够处理产品设计变更及相关 BOM 变更。

(97) 熟悉汽车生产准备流程和 BOM 设计变更管控。

(98) 精通整车热管理一维匹配分析（包括冷却系统、电池加热、空调系统等）或三维 CFD 热管理分析。

安全环保：

① 严格遵守各种安全操作规程，确保人身安全、设备安全。

② 贯彻执行公司的安全和环境保护方针。

③ 能够遵守安全操作规范，执行维修工艺标准。

④ 能够进行设备安全操作法等的培训，使员工能熟练操作，安全生产。

沟通合作：

① 有较强的理解及沟通、独立分析并解决问题的能力。

② 具备良好的协调能力和解决问题能力。

③ 沟通交流能力强，主动及系统思考能力强。

④ 具有推动能力，踏实忠诚，与同事相处融洽，协调合作。

⑤ 具有扎实的文案写作能力。

通用能力：

① 具有较强的分析判断及办公、分析软件处理能力。

② 熟悉电脑操作，会用 Word、Excel 等办公软件。

③有一定数据统计分析基础。

创业能力：

①能够收集相关产品的新技术并运用到新产品开发中。

②善于创新，善于应用新技术。

③具备一定的团队管理能力和技术攻关能力。

④具有坚定的工作原则、较强的沟通协调能力、解决问题能力。

⑤具有创新、开拓、奋斗者精神以及高忠诚度。

道德责任：

①工作严谨细致，具有高度责任感和职业操守。

②具备良好的职业道德修养，为人正直，作风严谨，严守公司机密信息。

③遵纪守法、举止端庄，具备较强的服务意识和良好的道德品格。

学习能力：

①具有较强的自我驱动能力、学习能力和抗压能力。

②具备一定的全局把控能力。

③具有良好的逻辑思维能力，敢于创新接受挑战。

④工作态度认真。

信息能力：

①具有信息收集、文献检索、数据整理和分析的能力。

②能够及时准确地提供管理信息报表和管理建议。

生产制造环节的关键岗位：

生产制造是汽车制造业中将设计理念变为现实的重要环节。在这个环节，技术工人和工程师发挥着举足轻重的作用。他们需要确保生产过程的顺利进行，同时保证产品质量的稳定提升。这要求他们不仅要具备扎实的专业技能，还需要有良好的团队协作精神和解决问题的能力。

生产制造岗位涵盖了机械工程师、电子工程师、生产线工人等多个角色。机械工程师负责设计和开发汽车的各种机械系统，而电子工程师则专注于汽车的电子系统和功能的设计与开发。生产线工人则需要熟练掌握各种生产设备和工艺，以确保汽车产品的顺利生产。

【例如】汽车电子工程师

典型岗位：

电机工程师、电力工程师、电机设计工程师、线束工程师、电机结构工程师、电机研发工程师、电机工艺工程师、电力电子工程师、电机电磁设计工程师、电机控制工程师。

专业能力：

①能够负责发动机氧传感器设计开发工作，包括分析传感器应用、进行结构设计，性能、材料、工艺路线、质量控制等的设计工作。

②能够完成新项目汽车和摩托车氧传感器等产品开发工作，确保项目按计划进行和交付，协助处理项目开发难点。

③能够完成项目开发的设计工作，包括客户端需求分解、产品设计工作交付。

④能够参与阶段评审、过程开发、模具评审、FMEA分析、试验验证和设计问题的解决等研发相关日常活动。

⑤能够进行NO_x氮氧传感器的市场调研和研究，进行先期设计开发。

⑥具有氮氧传感器产品知识和开发经验。

⑦掌握氧传感器的技术原理，产品设计和生产、质量控制相关知识。

⑧有多氧传感器项目开发经验，熟悉产品设计、过程开发、客户应用和项目管理的流程。

⑨熟悉汽车零部件的研发流程，熟练运用APQP、SPC、FMEA、GD&T、8D报告、Design Reviews等流程和工具。

⑩能够负责项目电机整机结构方案设计、仿真分析、校核、成本核算等工作。

⑪能够负责详细结构图纸设计、BOM搭建、图纸归档、跟进样机制作进度及样机问题分析、改进等工作。

⑫ 熟悉机加件、注塑件加工工艺，质量管控点及成本构成。

⑬ 具有电机电磁、结构、工艺知识基础。

⑭ 能够熟练使用三维、二维软件，具备一定的仿真能力。

⑮ 精通各种类型电机控制方法，熟悉汽车电机控制器系统应用开发流程。

⑯ 熟练应用同步发电机电磁计算软件和三维绘图软件。

⑰ 熟悉 Ansys 电磁场、应力场和温度场仿真软件，能够独立承担同步发电机（包括电励磁、永磁）电磁方案与结构设计等工作。

⑱ 具有扎实的电机学、电磁学理论知识，熟悉永磁同步电机、直流无刷电机原理及相关参数，熟悉逆变器原理及相关电力电子技术，有实际系统调试经验，具有电机控制理论知识，精通弱磁控制等相关电机控制技术。

⑲ 能够负责智驾系统电子电气架构的设计工作。

⑳ 能够对车辆进行日常保养、检查和维修。

㉑ 能够协助进行 HMC 的软件及硬件团队组建、管理及能力提升，实现 HM 的全球硬件、软件开发能力的建设目标。

㉒ 能够协助进行 HM 的产品战略及技术路线规划的制定，提升 HM 产品的竞争力。

㉓ 能够负责热管理控制系统及部件相应产品开发的技术评审、项目管理及资源协调工作。

㉔ 能够负责硬件平台的选型、评估及开发工作，建立适用于 HM 产品的硬件平台。

㉕ 具备基于 MATLAB/Simulink 的车辆软件开发经验。

㉖ 熟悉基于 Vector 或相似工具的 AUTOSAR 工具链开发流程。

㉗ 能够配合客户定制设计开发，进行整体结构规划设计，基于工业客户（如新能源车产品线）需求，整合概念、造型，开展新产品概念和构图设计。

㉘ 熟悉汽车零件、材料规格及供应商信息。

㉙ 能够负责车载电子产品 TBOX、网关、域控等的硬件设计开发，负责

硬件方案设计、芯片选型、原理图设计、PCB 设计和指导、BOM 设计和维护、硬件调试测试、EMC 测试调试、负责产品生产导入。

㉚ 熟悉汽车电子系统（网关、域控制器、BCM、PEPS 等）零部件具体开发和验证工作。

㉛ 熟悉整车电器架构、总线网络、诊断开发及 HMI 的开发及验证方法。

㉜ 熟悉嵌入式系统的搭建和调试，有 CAN、LIN 等外设的实际使用经验。

㉝ 熟悉 OSEK、UDS、NM、Ethernet。

㉞ 熟悉嵌入式系统开发流程，熟悉嵌入式软件架构或底层软件开发。

㉟ 能够负责电池 PACK 制造工艺开发工作。

㊱ 能够处理实验数据，进行结果分析、报告书写并做阶段性汇报。

㊲ 具备较强的数据分析、成本费用意识和管控能力。

㊳ 能够负责隔膜类相关专利的布局与撰写。

㊴ 能够负责中段工序的工艺文件的编制（如 WI、PFMEA、工艺流程图等文件），熟悉生产流程。

㊵ 能够负责无刷电机大功率电摩控制器的软件开发工作。

㊶ 能够负责微混变速器集成及 HCU 和 TCU 标定集成工作、减速器的开发工作，以及项目节点提交物的交付和项目节点管控及开发过程中系统开发工作。

㊷ 能够换挡 MAP 标定与换挡质量优化标定。

㊸ 能够负责并指导汽车控制器模块高压 EMC 滤波器的开发工作。

㊹ 能够负责控制器 EMC 评估工作，从电路、结构及 Layout 等多角度制定可量产化的 EMC 解决方案。

㊺ 能够负责企业 EMC 设计及测试规范的制定、修改工作。

㊻ 能够掌握数电、模电设计，对高低压测试环境有一定了解。

㊼ 能熟练使用屏蔽仪、示波器、万用表等仪器设备。

㊽ 精通汽车控制器模块滤波器 EMC 设计原理。

㊾ 能够负责充电桩、充电枪系统开发、维护、样机装配、调试、器件选

型及优化、物料清单制作、电气原理图和线材图纸设计，以及可靠性测试等工作。

(50) 能够负责电驱箱或变速箱系统构型开发、概念方案设计工作。

(51) 能够负责电驱箱产品项目管理与技术管理工作，主导开发、制造、测试等各环节工作及问题解决。

(52) 能够负责电驱箱技术方向的设计规范、试验方法、公司标准的建设及维护工作。

(53) 精通 AMT、AT、EMT、DCT 原理及结构，具备 2~4 挡变速箱构型开发、齿轴布置方案创新开发能力。

(54) 具备传动产品的试制、试验、小批开发经验，清楚常见故障与失效模式。

(55) 能够集成台架，测试车辆功能，以及沿用件功能点检。

(56) 能够根据每个阶段的设计规范，创建并修改测试用例，上传评审及测试报告。

(57) 能够负责行业和市场信息搜集和分析工作。

(58) 熟悉新能源行业，如新能源汽车、锂电池产品（电芯、模组、电池包）、光伏、能量回收与梯次利用、再生利用等单一或多种新能源模块。

(59) 熟悉锂电池分容老化测试流程。

(60) 熟悉锂电池放电、打粉工艺。

(61) 能够负责电芯、模组、PACK 电性能可靠性等测试工作，以及试验数据采集与整理工作。

(62) 能够负责实验室新能源设备的维护管理工作。

(63) 熟悉汽车动力电池测试标准。

(64) 能够熟练使用测试设备，熟悉汽车通讯网络协议，如整车 CAN 等。

(65) 能够熟练使用相关测试及诊断工具，如 CANtest、CANoe 等。

(66) 能够负责双极板成型、粘接、防腐表面处理等相关工艺的开发工作。

(67) 熟悉双极板供应链体系。

○68 熟悉表面处理及加工工艺。

○69 能够负责标定软件的开发、维护工作。

○70 能够跟进和收集系统运维数据，协助优化和改善系统性能和控制策略。

○71 能够负责固态电池高效制备和加工工艺开发工作。

○72 具有扎实的电化学、材料科学基础，有较好的逻辑思维能力和创新能力。

○73 能够负责控制系统的验证方案及组织实施工作。

○74 能够确保按照总部的标准对汽车进行诊断、保养和修理。

○75 能够确保工作环境及设备整洁并维护良好。

○76 能够独立完成车辆维修、系统诊断等工作，熟悉车间设备及工具的使用。

○77 熟悉两种以上单片机。

○78 能够负责汽车电子 ECU、BCM、PEPS 等应用方案的设计，软件的应用，项目的立项，需求分析和讨论等工作。

○79 能够负责软件代码生成、编写、开发、测试等工作。

○80 能够对所开发的软件进行仿真和真实系统测试，能设计和实施测试方案。

○81 能够负责客户需求对接，协调各方资源，主导完成需求分析、方案设计与评估，技术交流、项目竞标和成本核算工作。

○82 能够负责产品需求分解、传递、分析与管理，主导撰写并持续完善产品需求规范、技术方案、功能规范、概要设计等技术文档工作。

○83 具有扎实的电子产品软硬件知识，熟悉至少 2 款车载产品（行驶记录仪 /T-BOX/ 车载信息娱乐系统等）的整体方案，了解相关产品复杂技术问题的解决方案。

○84 熟悉本产品线市场需求、行业现状、发展趋势、竞品详情等，并对具体的技术路线、功能性能、外观形态、平台方案、关键技术等有全面而深入的了解。

㉟ 针对产品的需求分析、方案设计、技术交流、开发交付、质量提升等环节，有成熟的方法论，以及全程主导和执行的实际经验。

㊱ 能够负责项目或产品需求分析，撰写软件设计需求规格书、详细设计等设计文档工作。

㊲ 能够负责锂电池管理系统（BMS）控制策略研究，底层／应用层软件设计开发与调试改进（包括 BMS 的通信、电池容量算法、控制逻辑设计、通信接口及显示界面等的软件开发工作。

㊳ 熟悉 SOC/SOH 算法、均衡控制算法等，并有持续改进能力。

㊴ 熟悉多包电池并联控制策略，掌握菊花链多串数软件架构和控制策略。

㊵ 能够负责所开发项目小批量试产、评审、验证和确认直至量产工作。

㊶ 熟悉磷酸铁锂电池 Pack 生产制造工艺，有较强的成本和质量把控能力。

㊷ 熟悉 AutoCAD、Proe 等绘图软件以及一些常用的数据处理软件。

㊸ 能够负责电机控制器的整车应用，包括确定整车对电机控制器的应用需求、电机控制器与驱动电机、VCU 策略匹配等相关工作。

㊹ 能够按照新产品开发程序进行开发，确保在规定开发周期内完成，并输出工艺文件，在规定时间内完成测试报告，保证新产品的品质。

㊺ 熟悉开发过程中常用的仪器，如示波器、逻辑分析仪、频谱仪、EMC 和安规常用设备。

㊻ 熟悉开关电源设计、IGBT 驱动和保护设计、模拟及数字电路知识。

㊼ 熟悉常用开关或信号检测电路设计，如光电开关、霍尔传感器等。

至于通用能力、创业能力、学习能力、信息能力、道德责任以及安全环保、沟通合作同研发岗位要求基本一致，不再一一赘述。

（三）新能源汽车市场扩张与智能化技术应用的岗位需求

随着全球能源结构的转变和环保意识的提升，新能源汽车市场正迎来前所未有的扩张机遇。与此同时，智能化技术的迅猛发展也为汽车行业注入了新的活力。这两大趋势的交汇融合，不仅重塑汽车产业的未来格局，也对人才需求和岗位设置产生深远影响。

在新能源汽车市场方面，电动汽车、混合动力汽车等清洁能源汽车的普及率正在快速提高。这一变化意味着与电池技术、电机控制、充电设施等相关的研发、生产、维护岗位将大量涌现。这些岗位要求从业者不仅要具备扎实的专业知识，还要具备创新思维和解决问题的能力，以应对新技术、新材料带来的挑战。

而在智能化技术应用领域，自动驾驶、车联网、智能座舱等前沿技术正逐渐成为汽车标配。这些技术的推广和应用，将催生出一大批与软件开发、数据分析、系统集成等相关的专业技术岗位。这些岗位对人才的需求更加多元化，不仅要求从业者精通相关技术，还需要他们具备跨学科的知识储备和敏锐的市场洞察力。

值得注意的是，随着新能源汽车与智能化技术的深度融合，未来还将涌现出更多交叉学科岗位。这些岗位要求从业者具备新能源技术和智能化技术的双重背景，以支撑新能源汽车的智能化升级和创新发展。

（四）自动驾驶、电池技术、车联网等关键领域的技术岗位涌现

自动驾驶、电池技术、车联网等关键领域作为汽车制造与试验技术的前沿阵地，正日益显现出强大的发展潜力和广阔的市场前景。这些新兴技术领域的蓬勃发展，不仅将深刻改变汽车产业的传统格局，更将激发出大量的专业技术岗位需求，成为未来行业增长的重要驱动力。

自动驾驶技术的研发和应用，需要从业人员具备深厚的计算机科学、电子工程、控制理论等多学科知识，以及强大的算法设计和软件开发能力。随着自动驾驶技术的不断成熟和商业化落地，相关岗位如感知算法工程师、决策规划工程师、控制算法工程师等大量涌现，他们将在自动驾驶系统的研发、测试和优化中发挥关键作用。

电池技术作为新能源汽车的核心之一，其性能的提升和成本的降低对于新能源汽车的推广至关重要。因此，电池技术研发岗位的需求也将持续增长。这些岗位需要从业人员具备材料科学、化学工程、电化学等多方面的专业知识，能够参与电池材料的研发、电池设计的优化以及电池生产工艺的改进等工作。

车联网技术的普及和应用，则要求从业人员具备扎实的通信技术、网络技术、数据处理和分析能力等。车联网工程师、数据分析师等岗位将负责车联网平台的搭建、数据的采集与分析、智能服务的开发等工作，为驾驶者提供更加智能、便捷的出行体验。

二、企业对汽车制造与试验技术人才的技能与素质要求

（一）专业技能与实践经验要求

在汽车制造与试验技术领域，企业对于招聘人才的专业技能和实践经验有着严格且明确的要求。这主要源于该领域的复杂性，要求从业人员不仅具备深厚的理论知识，还要有将知识转化为实践的能力。

专业技能方面，候选人需要拥有扎实的汽车设计原理知识，包括对车辆结构、动力系统、悬挂系统等的深入理解。此外，制造工艺方面的知识也是不可或缺的，它涉及到生产流程的制定、加工设备的选择以及质量控制等多个环节。同时，试验技术作为验证汽车设计和制造质量的重要手段，也要求应聘者具备相应的专业知识和技能，包括试验方法的掌握、试验数据的分析以及试验问题的解决等。

实践经验方面，企业更倾向于招聘那些具有相关工作经验的人才。这是因为实践经验能够证明候选人已经具备了将理论知识应用于实际项目中的能力，能够更快地适应工作环境，更有效地完成工作任务。同时，实践经验还能够让应聘者更好地理解和掌握行业内的最新动态和技术趋势，从而为企业

的发展提供更有力的支持。

（二）综合素质要求

在汽车制造与试验技术领域，企业对人才的综合素质要求同样不容忽视。这些素质不仅关乎个人的职业发展，更直接影响到团队协作的效率和企业的创新力。

团队协作精神是现代企业中不可或缺的重要素质。汽车制造与试验技术工作往往需要多个部门、多个专业背景的人员共同协作，因此，应聘者是否具备良好的团队协作精神，能否与团队成员有效沟通、协同工作，就显得尤为重要。这不仅要求应聘者具备基本的沟通技巧，更需要他们能够在团队中发挥自己的专长，为团队目标的达成贡献力量。

创新能力则是推动汽车制造与试验技术不断进步的核心动力。面对日新月异的技术变革和市场竞争，企业需要那些敢于挑战传统、勇于探索未知的创新型人才。这就要求应聘者在具备扎实专业知识的基础上，还必须拥有开阔的视野、敏锐的洞察力和强烈的创新意识，能够不断提出新的理念、新的方法，为企业的创新发展注入活力。

解决问题的能力同样是企业所看重的关键素质。在汽车制造与试验过程中，难免会遇到各种预料之外的问题和挑战，此时，应聘者是否具备快速响应、冷静分析、有效解决问题的能力，就显得至关重要。这不仅要求应聘者具备丰富的实践经验和过硬的专业技能，更需要他们拥有灵活的思维方式和果断的决策能力，能够在关键时刻迅速作出正确判断，确保项目的顺利进行。

（三）快速适应与持续学习能力的要求

在汽车制造与试验技术领域，技术的快速更新和升级已成为常态。新的工艺、新的材料、新的设计理念不断涌现，对从业人员提出了更高的要求。因此，快速适应与持续学习能力成为了从业人员必备的素质。

快速适应能力意味着从业人员在面对新技术、新设备、新流程时，能够迅速理解并掌握其关键要点，并将其融入实际工作中。这种能力不仅要求从业人员具备扎实的专业基础，更需要他们拥有敏锐的洞察力和灵活的思维方式，以便在变化的环境中迅速作出调整，确保工作的顺利进行。

持续学习能力则是从业人员保持竞争力的关键。汽车制造与试验技术领域的知识和技能是不断更新的，只有不断学习，才能提升自己的专业水平，跟上技术发展的步伐。这就要求从业人员具备强烈的学习意愿和自主驱动力，能够主动寻找学习资源，不断充实自己的知识储备，以应对未来的挑战。

具备快速适应与持续学习能力的人才，能够更好地胜任当前的工作，因为他们可以迅速适应新的工作环境和要求，确保工作的顺利进行。同时，这种能力也有利于他们在未来的职业发展中取得更大的成功。随着技术的不断进步和行业的快速发展，只有那些不断学习、不断进步的人才，才能在激烈的市场竞争中脱颖而出，实现个人价值的最大化。

三、不同类型企业对人才需求的差异性与共性分析

（一）国有企业对汽车制造与试验技术人才的需求特点

国有企业在汽车制造与试验技术领域的人才需求上，展现出其特有的关注点和倾向性。这些特点主要体现在对人才稳定性和忠诚度的重视，以及对专业技能和实践经验的高要求。

国有企业往往更加看重人才的稳定性和忠诚度。这主要源于国有企业的长期发展战略和稳定的运营环境。他们更倾向于选拔那些具有长期服务意愿、能够与企业共同成长的应聘者。这种稳定性不仅有助于企业形成持续且稳定的技术团队，还有利于保障研发项目的顺利进行和知识产权的长期积累。同时，忠诚度也被视为国有企业人才选拔的重要标准之一，它体现了员工对企业的认同感和归属感，有助于构建和谐的企业文化和提升团队的凝聚力。

在专业技能和实践经验方面，国有企业同样有着严格的要求。由于国有

企业通常拥有较为完善的技术体系和研发平台，他们希望应聘者具备扎实的专业知识，熟悉行业内的最新技术动态，并能够迅速融入团队，为企业的技术创新和产业升级贡献自己的力量。实践经验也被视为衡量应聘者能力的重要标准之一，它不仅体现了应聘者的技术应用能力，还有助于应聘者更好地理解企业的实际需求和工作环境，从而更快地适应并完成工作任务。

（二）私营企业对汽车制造与试验技术人才的需求特点

私营企业在汽车制造与试验技术领域的人才需求上，同样重视人才稳定性和忠诚度，但又展现出与国有企业不同的倾向和特点。这些特点主要体现在对人才灵活性和创新能力的重视上。

灵活性对于私营企业而言至关重要。由于私营企业面临着更为激烈的市场竞争和不断变化的市场需求，他们需要快速调整战略和业务模式以适应市场的变化。因此，在招聘汽车制造与试验技术人才时，私营企业更倾向于选择那些具备高度灵活性的应聘者。这种灵活性不仅包括应聘者能够适应不同的工作环境和项目需求，还包括他们能够快速学习和掌握新技术、新方法，并将其应用于实际工作中。具备灵活性的人才能够更好地应对私营企业面临的多变挑战，为企业的快速发展提供有力支持。

创新能力则是私营企业在招聘汽车制造与试验技术人才时另一重要考量因素。私营企业通常更加注重技术创新和产品研发，以保持其在市场上的竞争优势。因此，他们希望应聘者具备强烈的创新意识和实践能力，勇于尝试新的方法和技术，为企业的创新发展提供源源不断的动力。创新能力不仅要求应聘者具备开阔的思维和敏锐的洞察力，还需要他们具备将创新理念转化为实际成果的能力。这样的人才能够帮助私营企业在激烈的市场竞争中脱颖而出，实现持续的创新和发展。

（三）外资企业对汽车制造与试验技术人才的需求特点

外资企业在招聘汽车制造与试验技术人才时，展现出对具有国际视野和跨文化沟通能力人才的明显偏好。这种偏好源于外资企业全球化的经营策略和对国际市场的高度关注。

国际视野是外资企业所看重的重要素质。随着全球汽车产业的深度融合，外资企业需要应聘者能够站在国际高度，洞察全球市场的发展趋势，为企业的国际化战略提供有力支持。这就要求应聘者在具备扎实的专业知识的同时，还要熟悉国际汽车制造与试验技术的相关标准和规范，能够与国际同行进行有效的交流与合作。

跨文化沟通能力则是外资企业对人才的另一重要要求。在外资企业中，团队成员往往来自不同的国家，因此，应聘者需要具备与不同文化背景的人员进行有效沟通和合作的能力。这不仅要求应聘者要掌握流利的外语，更需要他们了解不同文化间的差异，能够尊重并接纳多元文化，以在跨文化环境中建立和谐的人际关系，推动项目的顺利进行。

同时，外资企业也对人才的专业技能和实践经验有着较高的要求。他们希望应聘者掌握先进的汽车制造与试验技术，具备丰富的项目经验，能够迅速融入企业的技术团队，为企业的技术创新和产品研发贡献力量。这种对专业技能和实践经验的高要求，有助于外资企业在国际市场上保持技术领先地位，提升企业的核心竞争力。

（四）企业对人才需求的共性分析

在深入探讨了国有企业、私营企业和外资企业对汽车制造与试验技术人才的不同需求特点后，可以发现，尽管各类企业在具体需求上有所差异，但他们对人才的需求仍存在诸多共性。

一个显著的共性是所有类型的企业都高度重视人才的专业技能和实践经验。这是因为专业技能是人才胜任工作岗位的基石，而实践经验则是人才将理论知识转化为实际操作能力的关键。企业期望通过引进具备专业技能和丰富实践经验的人才，迅速提升团队的整体技术水平，推动项目的顺利进行，并创造实实在在的价值。

另一个值得关注的共性是企业对人才的综合素质和持续学习能力的重视。随着汽车产业的快速发展和技术的不断更新，企业需要人才不仅具备扎实的专业基础，还要拥有良好的团队协作精神、创新能力、解决问题的能力等多方面的综合素质。同时，持续学习能力也成为企业衡量人才潜力的重要标准。在快速变化的市场环境中，只有那些不断学习新知识、新技能，及时适应新技术和新挑战的人才，才能帮助企业在激烈的竞争中保持领先地位。

这些共性不仅反映了当前汽车产业对人才需求的普遍趋势，也为人才的培养和发展提供了重要的参考方向。对于教育机构来说，应当注重培养学生的专业技能和实践能力，同时加强对学生综合素质和持续学习能力的培养；对于企业来说，应当在选拔人才时全面考虑应聘者的专业技能、实践经验以及综合素质和学习能力，以打造一支既具备专业实力又具备发展潜力的高素质团队。

第二节 当前汽车制造与试验技术人才培养现状

一、职业院校汽车制造与试验技术专业的设置情况

（一）职业院校汽车制造与试验技术专业广泛设置

随着汽车行业的迅猛发展和技术进步，对汽车制造与试验技术人才的需求日益凸显。众多职业院校紧密跟踪行业趋势，积极调整和优化专业设置，纷纷开设了汽车制造与试验技术专业。这些专业的广泛设置，不仅体现了职业院校对汽车行业人才培养的高度重视，也为学生提供了更多选择和机会。

职业院校汽车制造与试验技术专业的课程设置全面而系统，旨在对学生进行从汽车基础知识到专业技能的全方位培养。学生将深入学习汽车构造与原理，同时，专业还涉及汽车设计、制造、检测与维修等多个领域，使学生

全面掌握汽车制造与试验技术的核心知识和技能。

通过专业的学习和实践，学生将熟练掌握汽车制造工艺流程、试验技术方法和维修技能，具备从事汽车制造、试验、检测、维修等工作的能力。这种系统化的专业培养，不仅有助于学生顺利就业，还将为汽车行业的持续发展提供有力的人才支撑。

（二）实践与理论教学并重

在职业院校汽车制造与试验技术专业的课程设置中，完善的课程体系与对实践技能的重视是其显著特点。这种设计理念源于汽车行业对技术人才的实际需求，以及教育机构对高质量职业教育的追求。

在课程体系方面，职业院校不仅涵盖了汽车构造、原理、设计等基础理论课程，还设置了汽车制造工艺流程、试验技术方法等专业技能课程。这种从基础到专业的系统化学习路径，有助于学生构建起全面的知识框架，并为后续深入的专业实践打下坚实基础。

与此同时，实践技能的培养被置于与理论教学同等重要的地位。各院校通过实验、实训等教学环节，将理论知识与实践操作相结合，让学生在亲自动手的过程中深化对专业知识的理解，并提升实际操作能力。这种"做中学"的教学方式，不仅增强了学生的动手能力，还培养了他们分析问题和解决问题的能力。

为了进一步提升实践教学质量，一些职业院校还积极引进先进的教学设备和技术。这些设备和技术能够模拟真实的汽车制造与试验环境，使学生在校内就能接触到与行业接轨的实操训练。在这种仿真或真实的工作场景中，学生有机会将所学知识付诸实践，从而更好地掌握专业知识和技能，为未来的职业生涯做好充分准备。

（三）校企合作与实习机会不断增加

在职业院校汽车制造与试验技术专业教育中，校企合作和实习机会的增加对于提升学生的实践能力和就业竞争力起到了至关重要的作用。这种教育模式有效地促进了学校与企业的资源共享和优势互补，为学生提供了更为广阔的学习平台和发展空间。

通过校企合作，职业院校能够与企业共同开发课程，确保教学内容紧密贴合汽车行业发展的最新趋势和技术需求。这种合作方式有助于学校及时调整教学计划，更新教学资源，从而使学生更好地掌握适应市场需求的专业知识和技能。同时，企业也为学校提供了宝贵的实践场地，让学生在真实的工作环境中进行实践操作，加深对专业知识的理解和应用。

实习机会的增加是校企合作的另一重要成果。企业为学生提供实习岗位，使他们有机会亲身参与汽车制造与试验的工作。在实习过程中，学生不仅可以将所学知识应用于实际，还能够深入了解汽车行业的工作流程、团队协作和职业发展等方面的内容。这种实践经验对于学生来说具有极高的价值，不仅能够增强他们的职业素养和综合能力，还能为他们未来的就业和职业发展奠定坚实基础。

因此，职业院校汽车制造与试验技术专业通过加强校企合作和增加实习机会，为学生创造了更多的学习和实践条件。这种教育模式不仅提升了学生的实践能力和就业竞争力，也为汽车行业的持续发展注入了新鲜血液和活力。

二、现有汽车制造与试验技术人才培养方案评估

（一）现有汽车制造与试验技术人才培养方案比较全面

在当今汽车行业中，汽车制造与试验技术人才的培养显得尤为重要。当前的人才培养方案不仅涵盖了传统的机械制造领域，如机械设计、加工工艺、质量控制等，确保学生能够熟练掌握汽车制造过程中的基础技术。同时，电子技术也作为重要的一环被纳入其中，包括汽车电路分析、嵌入式系统开发等内容，使学生具备处理现代汽车中复杂电子系统的能力。

更为值得一提的是，随着新能源汽车和智能网联技术的快速发展，这些前沿领域也被纳入了人才培养方案中。学生将接触到新能源汽车的电池技术、电机控制、充电设施等关键知识，以及智能网联技术中的车载网络、自动驾驶、智能交通系统等前沿技术。这样的课程设置确保学生紧跟行业发展的最新趋势，为未来的职业生涯奠定基础。

通过这种全面性的培养方案，学生不仅能够掌握汽车制造与试验的核心技术，还能够在更广阔的领域中找到自己的发展方向。这种既扎根传统又面向未来的教育理念，无疑为汽车制造与试验技术人才的培养提供了坚实的支撑。

（二）人才培养方案持续更新

在汽车制造与试验技术领域，技术的不断进步和市场的快速变化是持续推动行业发展的两大动力。这种动态环境对人才培养方案提出了更高的要求，即必须保持持续更新和完善，以确保教育的时效性和前瞻性。

教育机构和培训提供者作为人才培养的主体，需要承担起这一重要任务。他们必须密切关注市场动态，包括消费者需求的变化、新兴技术的应用以及竞争格局的演变等。同时，他们还需要跟踪技术趋势，特别是那些可能对行业产生深远影响的前沿技术，如人工智能、大数据、云计算等。

基于这些信息，教育机构和培训提供者需要及时调整课程设置和教学内容。这可能涉及到增设新的课程模块，以覆盖新兴技术领域；更新现有课程的内容，以反映最新的行业实践和标准；甚至可能需要对整个课程体系进行重构，以适应行业发展的新趋势和新需求。

此外，加强与企业的合作与交流也是至关重要的。企业作为技术应用和市场需求的直接参与者，对人才培养有着更为具体和实际的要求。通过与企业的紧密合作，教育机构和培训提供者可以更准确地把握行业对人才的需求，从而更有针对性地进行人才培养方案的更新和完善。

三、人才培养过程中存在的问题与瓶颈分析

（一）教学设备与实践基地落后

在汽车制造与试验技术人才培养的实践中，教学设备与实践基地的先进性对于提升教育质量具有至关重要的作用。然而，现阶段一些院校在这方面却面临着不小的挑战。

随着汽车技术的快速发展，新的教学设备和实践基地的需求也在不断增长。然而，由于多种原因，部分院校的教学设备和实践基地却未能及时更新换代。

其中，资金投入不足是一个重要原因。汽车制造与试验技术的教学设备和实践基地建设需要大量的资金投入，而一些院校由于经费有限，难以承担起这一重任。这就导致了教学设备的陈旧和实践基地的落后，无法满足新技术、新工艺的教学需求。

此外，由于采购流程烦琐、审批周期长等原因，也会导致设备更新进度缓慢，无法及时跟上汽车技术发展的步伐。

这些问题在一定程度上制约了汽车制造与试验技术人才培养质量的提升。学生在使用陈旧设备和实践基地的过程中，难以接触到最新的技术和工艺，从而影响了他们的学习效果和职业发展。因此，解决教学设备与实践基地的落后问题，对于提升汽车制造与试验技术人才的培养质量具有重要意义。

（二）师资力量不足

当前一些院校在师资力量方面面临不小的挑战，这主要表现在两个方面。

一是教师数量不足。随着汽车行业的快速发展和技术的不断进步，对于

具备专业知识和技能的教师的需求也在不断增加。由于种种原因，如招聘难度大、教师流失率高等，一些院校的教师数量未能得到有效补充，这导致教师的教学负担加重，难以充分关注到每个学生的学习和发展。

二是教师结构失衡。特别是双师型教师缺乏尤为突出。双师型教师是指那些既具备扎实的理论知识，又拥有丰富的实践经验的教师。他们在教学中能够很好地将理论与实践相结合，帮助学生更好地理解和掌握所学知识。然而，现阶段一些院校中的双师型教师比例并不高，这导致理论与实践教学之间存在一定程度的脱节，影响了人才培养质量。

师资力量不足，对于汽车制造与试验技术专业的教学质量和学生的全面发展都产生了不良影响。因此，院校必须高度重视师资力量的建设。一方面，要加大引进力度，积极招聘具备专业知识和实践经验的优秀教师；另一方面，要加强现有教师的培养和培训，提升他们的专业素养和实践能力，特别是要鼓励和支持教师向双师型教师发展。

（三）与企业合作的深度和广度有待加强

校企合作在职业教育中扮演着举足轻重的角色。然而，当前一些院校与企业的合作尚未达到理想的深度和广度，这在一定程度上制约了人才培养质量的进一步提升。

从合作深度来看，院校与企业需要建立更加紧密的合作关系。这种紧密性不仅体现在双方共同制定人才培养方案、开发课程等教学层面的合作，更包括在技术研发、成果转化等深层次的合作。通过深度合作，院校可以更加准确地把握行业动态和市场需求，及时调整教学内容和培养方向，确保人才培养的针对性和实效性。同时，企业也能借助院校的教学和科研资源，提升自身的创新能力和市场竞争力。

在合作广度方面，院校应积极拓展与企业的合作领域。除了传统的实习实训、就业推荐等方面的合作外，还可以在人才培养、社会服务、文化传承等多个领域展开广泛合作。例如，院校可以与企业共同举办职业技能竞赛、创新创业大赛等活动，激发学生的创新意识和实践能力；企业则可以参与院校的教学改革和课程建设，推动教育教学质量的不断提升。

通过加强与企业合作的深度和广度，院校可以为学生提供更加丰富的实践机会和职业发展资源。学生在校企合作的过程中，能够更深入地了解行业需求和工作环境，提升自身的职业素养和综合能力。同时，这种合作模式也有助于促进院校与企业的资源共享和优势互补，推动双方实现互利共赢的发展目标。

（四）学生创新意识和持续学习能力有待提升

在汽车制造与试验技术领域，随着技术的不断进步和市场竞争的加剧，对学生的创新意识和持续学习能力的要求也愈发严格。然而，当前一些学生在这两方面的能力还存在明显的不足。

一些学生过于依赖传统的学习方式和思维模式，缺乏独立思考和勇于创新的精神。在面对新问题、新挑战时，往往难以提出富有创意的解决方案。为了培养学生的创新意识，院校需要着重加强学生的批判性思维训练，鼓励他们勇于质疑、敢于挑战，从而激发出更多的创新火花。

与此同时，一些学生缺乏自主学习的意识和能力，难以有效地进行知识的吸收和技能的提升。因此，院校需要着重培养学生的自主学习能力，教会他们如何有效地获取信息、整合资源，实现自我学习和自我提升。

为了切实提升学生的创新意识和持续学习能力，院校还需要为他们提供更多的创新实践机会和平台。通过参与科研项目、创新竞赛、企业实习等实践活动，亲身体验创新的乐趣和挑战，从而在实践中不断锤炼自己的创新意识和实践能力。同时，这些实践活动还能帮助学生建立起广泛的人脉网络，为他们的职业发展奠定坚实的基础。

第三节　汽车制造与试验技术人才培养策略与建议

一、优化汽车制造与试验技术专业课程体系设置

（一）更新课程内容以紧跟行业发展趋势

在汽车制造与试验技术专业教育中，课程内容的更新是教育改革的核心环节。随着科技的飞速进步和汽车行业的深刻变革，传统的课程内容已经无法适应当前及未来的行业需求。特别是新能源汽车、智能网联汽车等前沿技术的崛起，对汽车制造与试验技术专业人才的知识结构和技能水平提出了新的要求。

为了满足这些要求，课程体系必须进行相应的调整和优化。具体而言，需要将新能源汽车技术、智能网联技术、先进制造技术等前沿知识纳入课程体系中，使之成为学生学习的重要组成部分。同时，对于一些过时的、不再适应行业发展的课程内容，应及时淘汰或更新，以确保课程的前沿性和实用性。

通过更新课程内容，学生可以接触到最新的行业知识和技术，从而更好地理解汽车行业的发展趋势和未来挑战。这不仅有助于提升学生的专业素养和综合能力，更为他们的未来职业发展打开了更广阔的空间。因此，紧跟行业发展趋势，不断更新课程内容，是汽车制造与试验技术专业教育的重要任务之一。

（二）注重课程融合与贯通以培养学生综合能力

在汽车制造与试验技术专业教育中，注重课程之间的融合与贯通是培养学生综合能力的重要举措。汽车作为现代工业的集大成者，其制造与试验技术涉及机械工程、电子技术、计算机科学等多个学科领域。因此，要培养具

备跨学科知识和技能的复合型人才，就必须打破传统学科壁垒，实现课程之间的有机融合。

具体而言，课程融合与贯通可从以下几个方面入手：一是加强基础学科与应用学科的结合，使学生既具备扎实的理论基础，又能将其应用于实际问题的解决中。二是促进不同专业课程之间的交叉与渗透，通过共同开设综合性课程、举办跨学科讲座等方式，拓宽学生的知识视野。三是强化实践教学环节，将理论知识与实践操作相结合，让学生在实践中学会综合运用所学知识解决问题。

通过课程融合与贯通，学生可以更加全面地理解和掌握汽车制造与试验技术的知识体系，提高解决复杂问题的能力和创新思维能力。同时，这种跨学科的学习方式也有助于培养学生的团队协作精神和沟通能力。因此，注重课程融合与贯通是优化汽车制造与试验技术专业课程体系设置、培养学生综合能力的重要途径。

（三）增加选修课程和拓展课程以满足个性化需求

在构建和完善汽车制造与试验技术专业课程体系的过程中，增加选修课程和拓展课程是一个不可忽视的重要环节。这些课程，不仅为学生提供了更为丰富的学习资源，更能够满足他们个性化的学习需求，从而助力他们实现更为全面的发展。

选修课程和拓展课程具有多样性和灵活性的特点，能够让学生根据自身的兴趣和职业规划进行自主选择。例如，对新能源汽车技术感兴趣的学生，可以选择相关的选修课程进行深入研究；希望在未来从事汽车市场营销工作的学生，则可以通过拓展课程学习市场营销的专业知识。这样的课程设置，不仅尊重学生的主体地位，更能激发他们的学习热情，提升学习效果。

进一步来看，选修课程和拓展课程的学习还能够帮助学生拓宽知识面，提升专业素养。在汽车行业这个日新月异的领域里，单一的专业知识已经难以应对不断变化的市场需求。通过选修和拓展课程的学习，学生可以接触到更多的前沿技术和行业知识，从而增强自身的综合素质和就业竞争力。

同时，这些课程的学习也有助于培养学生的自主学习能力和终身学习习惯。在选修课程和拓展课程的学习中，学生更多地依靠自主学习和独立思考来解决问题，这无疑会提升他们的自主学习能力。而这种能力，不仅是学生未来职业发展的重要支撑，更是他们实现终身学习的关键所在。

【案例】A汽车学院优化课程体系设置，培养适应新能源汽车发展需求的专业人才

1.案例背景

随着新能源汽车行业的快速发展，A汽车学院认识到传统的汽车制造与试验技术专业课程体系已经无法满足行业对人才的需求。为了培养更多具备新能源汽车技术知识和实践能力的专业人才，学院决定对课程体系进行全面优化。

2.具体实施过程

（1）更新课程内容

前沿知识融入课程：学院组织教师前往国内外新能源汽车领军企业，如特斯拉、比亚迪等进行实地考察和技术交流，确保教师团队掌握最新的行业技术动态。

根据考察和交流结果，对《汽车新技术》《新能源汽车原理》等课程大纲进行修订，确保课程内容紧跟技术发展趋势。

过时内容淘汰机制：设立课程内容审查小组，定期对现有课程进行评估，标识出过时或不再符合市场需求的内容。例如，将传统的化油器技术内容替换为更为现代的电子燃油喷射系统技术内容。

行业专家进校园：与新能源汽车行业的知名专家建立合作关系，每学期邀请2~3位专家来校进行为期一周的集中授课或举办讲座。

最近一期邀请了某品牌的电池研发主管，分享了当前电池技术的瓶颈及未来发展方向。

（2）注重课程融合与贯通

跨学科课程设计：由机械工程、电子技术和计算机科学系联合开设《汽车机电一体化设计》课程，要求学生团队跨学科合作完成一个小型新能源汽车设计项目。项目包括电动驱动系统设计、电池管理系统集成、车载网络构建等，确保学生在实践中综合运用多学科知识。

实验与实践结合：投资建设新能源汽车实验室，包括电池测试平台、电机控制实验台等，供学生进行实践操作。与本地新能源汽车维修中心合作，安排学生进行为期一个月的实习，参与真实的维修与调试工作。

创新与竞赛平台：每年举办"新能源汽车创新设计大赛"，鼓励学生提出新的设计理念或技术解决方案。优秀项目有机会获得学院资金支持和企业导师的一对一指导，进行项目孵化。

（3）增加选修课程和拓展课程

选修课程丰富：开设《新能源汽车市场与政策分析》《绿色汽车材料》等选修课程，满足不同学生的兴趣点。引入行业认证课程，如德国汽车工业协会的新能源汽车技师认证课程，为学生就业增添竞争力。

企业合作项目：与新能源汽车产业链上的多家知名企业建立校企合作关系，开设"校企合作班"。在大三下学期，选拔优秀学生进入企业进行为期半年的顶岗实习，参与新能源汽车的研发、生产、销售等实际工作。

在线学习平台：引入Coursera、edX等国际知名在线课程平台，鼓励学生选修新能源汽车相关的国际化课程。学院设立学分转换机制，认可学生在这些平台上获得的学习成果，激励学生自主学习和终身学习。

3. 效果

通过课程体系的全面优化，A汽车学院的学生在新能源汽车技术领域的知识储备和实践能力得到了显著提升。学生在校期间就能接触到行业前沿技术，对新能源汽车产业的发展趋势有了更深刻的理解，为他们未来的职业发展奠定了坚实基础。学院与企业、行业的合作更加紧密，毕业生的就业率和就业量均有所提高，受到了用人单位的广泛好评。同时，学院的社会声誉和行业影响力也得到了进一步提升。

二、加强实践教学与产教融合，提升人才培养质量

（一）完善校内实训基地建设以提升实践教学水平

实践教学是培养学生实际操作能力、职业素养和创新精神的重要环节，而校内实训基地则是实现这一目标的关键平台。为了加强实践教学与产教融合，提升教学质量，必须首要关注校内实训基地的完善与建设。

校内实训基地的建设不仅包括硬件设施的投入，如先进的实验设备、教学软件等，更包括软件环境的打造，如真实工作环境的模拟、实践教学课程体系的设计等。这些设施和环境的完善，能够让学生在接近真实工作环境的条件下进行实践操作，从而深化理论知识，提升实际操作能力。

具体而言，通过配备与企业实际生产相接轨的实验设备，学生可以亲身接触并操作这些设备，了解设备的工作原理、操作流程和维护方法。同时，借助先进的教学软件，学生可以模拟真实的工作环境和任务，进行针对性的实践训练，从而提高解决问题的能力和创新精神。

此外，校内实训基地的建设还应注重实践教学课程体系的设计。通过构建科学合理的实践教学课程体系，将实践教学与理论教学有机结合，使学生在实践中不仅能够巩固理论知识，更能够培养职业素养和团队协作能力。

（二）深化校企合作以拓宽实践教学渠道

实践教学是培养学生职业素养和实际操作能力的重要环节，而校企合作则是拓宽实践教学渠道、提升教学质量的有效途径。通过与企业建立稳定的合作关系，为学生提供更为丰富、多样的实践教学资源，使他们在真实的工作环境中得到锻炼和提升。

具体而言，深化校企合作可以为学生提供更多的校外实习机会。企业作

为市场经济的主体，拥有先进的生产设备、技术水平和专业人才，能够为学生提供真实的职业环境和实践平台。通过实习，学生可以亲身参与企业的生产、研发、管理等活动，了解企业的运作机制和行业动态，提升自己的职业素养和实践能力。

同时，校企合作还能够促进学校与企业之间的技术交流与合作。企业拥有丰富的市场经验和行业资源，可以为学校提供宝贵的教学案例和实践项目。而学校则拥有雄厚的科研实力和教学资源，可以为企业提供技术支持和人才培养服务。通过双方的合作与交流，可以推动产学研一体化发展，实现资源共享和优势互补。

此外，深化校企合作还有助于学生更好地了解行业需求和市场动态。随着科技的飞速发展和市场竞争的日益激烈，汽车行业对人才的需求也在不断变化。通过与企业的紧密合作，学校可以及时了解行业的最新动态和市场需求，调整教学计划和课程设置，确保教学与行业发展的紧密结合。而学生则可以通过与企业的接触和交流，了解企业的用人标准和职业要求，为自己的职业规划和发展方向提供有力支持。

（三）鼓励教师参与企业项目研发和技术服务以提升教师实践能力

在提升人才培养质量的过程中，教师的实践能力起着至关重要的作用。为了更好地培养符合市场需求的高素质人才，学校应积极鼓励教师参与企业项目研发和技术服务。

企业项目研发和技术服务是教师了解行业前沿技术、提升实践能力的重要途径。通过参与这些活动，教师可以接触到行业内的最新技术和市场需求，从而更准确地把握行业发展的脉搏。同时，教师在与企业合作的过程中，还能够学习到企业先进的生产流程、管理理念和团队合作精神，这些都有助于提升教师的综合素质和实践能力。

此外，教师的参与还能够推动学校与企业之间的紧密合作。教师在项目中发挥的专业知识和技术能力，能够为企业提供有价值的技术支持和方案，从而增进企业对学校的信任和认可。这种紧密的校企合作关系，不仅能够为学校提供更多的实践教学资源的机会，还能促进产教融合的深入发展，推动学校教育教学改革与市场需求的紧密对接。

更为重要的是，教师通过参与企业项目研发和技术服务，还能够将自己的实践经验和行业认知反哺到课堂教学中。教师可以结合自己在项目中的实际案例，为学生讲解理论知识在实践中的应用，从而提升课堂教学的生动性和实效性。这种以实践为导向的教学模式，有助于学生更好地理解和掌握所学知识，提升实践能力和创新意识。

因此，鼓励教师参与企业项目研发和技术服务，对于提升教师的实践能力、推动校企合作、促进产教融合以及提升人才培养质量都具有十分重要的意义。学校应积极为教师搭建参与企业项目的平台，提供必要的支持和保障，从而激发教师参与实践的积极性和主动性，为人才培养质量的提升奠定坚实的基础。

【案例】B 汽车学院加强实践教学与产教融合，助力新能源汽车人才培养

1. 案例背景

随着新能源汽车行业的迅猛发展，市场对具备实际操作能力和创新精神的专业人才需求日益旺盛。B 汽车学院作为培养汽车专业人才的摇篮，意识到传统的教学模式已无法满足行业对人才的需求。因此，学院决定加强实践教学与产教融合，提升人才培养质量，以更好地适应新能源汽车行业的发展趋势。

2. 具体实施过程

（1）完善校内实训基地建设

设备采购与安装：学院成立了专门的设备采购小组，负责市场调研、设备选型及招标工作。经过多轮比选，最终选定了与新能源汽车技术紧密相关的实验设备，如某品牌的电动汽车电池测试系统、电机控制系统等。设备到

货后，学院组织专业技术人员进行安装调试，确保设备性能达到最佳状态。

实训中心布局与建设：实训中心占地近千平方米，分为理论教学区、实训操作区和成果展示区。其中，实训操作区根据新能源汽车的生产流程，设置了电池组装、电机调试、整车性能测试等实训区域。每个实训区域都配备了相应的工具和设备，张贴了详细的操作指南和安全规范，确保学生在实训过程中安全、有效地操作。

企业专家参与课程设计：学院邀请了多位在新能源汽车领域具有丰富经验的企业专家，参与实践教学课程体系的设计工作。专家们结合行业需求和自身经验，对课程内容、教学方法等提出了宝贵的建议。在企业专家的指导下，学院对原有的实践教学课程进行了优化和更新，更具实用性和前瞻性。

（2）深化校企合作

签订校企合作协议：学院积极与新能源汽车企业沟通联系，经过多轮洽谈和协商，最终与多家企业签订了校企合作协议。协议明确了双方的合作内容、方式和期限等，为后续的校企合作奠定了坚实的基础。

建立校外实习基地：根据校企合作协议，学院与企业共同建立了校外实习基地。企业为学生提供实习岗位和必要的实习条件，如住宿、交通等。同时，企业还安排经验丰富的技术人员担任实习导师，对学生进行一对一的指导。学院定期组织教师到实习基地进行巡视和督导，了解学生的实习情况，及时解决学生实习过程中遇到的问题。

组织学生参观学习：为了让学生更好地了解新能源汽车的生产流程和技术特点，学院定期组织学生到企业参观学习。在参观过程中，企业安排专人为学生讲解新能源汽车的生产工艺、技术原理和市场动态等。通过参观学习，学生不仅拓宽了视野，增长了见识，还对新能源汽车行业有了更深入的了解和认识。

（3）鼓励教师参与企业项目研发

出台激励政策：学院出台了相关激励政策，鼓励教师利用寒暑假时间参与企业的新能源汽车项目研发。政策明确规定了参与项目研发的教师可以享受一定的经费补贴、科研积分奖励等。同时，学院还为参与项目研发的教师提供必要的支持和保障，如协助联系合作企业、提供实验场地和设备等。

教师参与项目研发：在激励政策的引导下，多位教师积极报名参与企业的新能源汽车项目研发。他们利用自身的专业知识和技术能力，与企业合作开展了一系列的研究工作。通过参与项目研发，教师们不仅提升了自身的实践能力，还了解了最新的技术和行业动态。这些经验和成果被教师们引入课堂教学，既丰富了教学内容，又提高了教学质量。

组织技术研讨会：学院定期组织召开新能源汽车技术研讨会，邀请参与企业项目研发的教师分享他们的经验和成果。在研讨会上，教师们围绕新能源汽车的关键技术、市场趋势等议题进行深入探讨和交流。技术研讨会不仅为教师提供了一个展示和交流的平台，还促进了教师之间的合作与交流，推动了新能源汽车技术的研究与发展。

3. 效果

学生实践能力显著提升：通过校内实训和校外实习，学生掌握了新能源汽车的关键技术，具备了较强的实际操作能力和职业素养。在各类新能源汽车技能竞赛中，B汽车学院的学生屡获佳绩。

毕业生就业质量高：由于学院加强了实践教学与产教融合，毕业生在就业市场上更具竞争力。许多新能源汽车企业纷纷向学院抛出橄榄枝，希望招聘到具备实践经验和创新精神的优秀人才。

校企合作成果丰硕：通过深化校企合作，学院与企业实现了资源共享和优势互补。多个由学院教师参与的新能源汽车研发项目成功转化为产品，推向市场，取得了良好的经济效益和社会效益。

三、建立多元化、动态化的人才培养评价机制

（一）引入多元化评价方式以全面考查学生能力

在人才培养过程中，全面、客观地评估学生的学习成果和能力是至关重

要的。传统的以笔试和实操考核为主的评价方式，虽然能够在一定程度上考查学生的知识和技能，但往往无法全面反映学生的真实水平和潜力。因此，引入多元化评价方式成为了当前教育改革的必然趋势。

多元化评价方式包括项目报告、团队协作、创新竞赛等多种形式。这些评价方式各有特点，相互补充，可以更全面地考查学生的能力。

具体来说，项目报告评价通过给学生布置真实的项目任务，让他们在一定时间内完成项目并进行汇报。评价时可以关注学生的项目完成质量、问题解决能力、创新思维以及报告撰写能力等。团队协作评价则可以通过分组完成任务、角色扮演、小组讨论等方式进行，重点考查学生的团队协作能力、沟通技巧和合作精神。创新竞赛评价则可以通过举办各类创新竞赛活动，鼓励学生积极参与并提交作品，评价时关注学生的创新意识、作品质量、实用性以及展示能力等。

多元化评价方式不仅有助于全面考查学生的能力，还能激发学生的学习兴趣和积极性。同时，评价结果也能够为教师教学改进提供有力依据，进而促进教育教学质量的不断提升。因此，在人才培养评价过程中，应积极引入并合理运用多元化评价方式，以更好地适应当前社会对人才培养的多元化需求。

（二）建立学生成长档案袋以记录个性化学习轨迹

在教育领域，关注每个学生的学习情况和成长轨迹是至关重要的。为了更好地实现这一目标，建立学生成长档案袋是一个有效的手段。学生成长档案袋能够全面、系统地记录学生学习过程中的各种信息和表现，从而为教师和学生提供宝贵的教学和学习资源。

具体而言，学生成长档案袋中可以包含丰富的内容，如学生的学习计划、课堂表现记录、作业成果展示、实验报告以及自我评价等。这些内容不仅能够反映学生在知识掌握和技能运用方面的情况，还能够展现学生的学习态度、努力程度和进步情况。例如，学习计划可以帮助学生规划自己的学习时间和任务，培养自主学习和时间管理的能力；课堂表现记录则可以反映学生在课堂上的参与度和学习效果；作业成果展示和实验报告则能够展示学生在实践操作和问题解决方面的能力。

学生成长档案袋中还可以包含教师的评语和建议，以便为学生提供更为个性化的教学反馈和指导。教师可以通过评语来肯定学生的努力和进步，指出学生在学习中存在的问题和不足，并提供具体的改进建议。这些评语和建议不仅能够帮助学生及时了解自己的学习状况，还能够激发他们的学习动力和提升意愿。

对于学生而言，成长档案袋不仅是一个记录自己学习轨迹的工具，更是一个进行自我反思和总结的宝贵资源。学生可以根据档案袋内容，回顾自己的学习过程，发现自己的优点和不足，并据此调整学习策略和方法，以实现更高效、个性化的学习。

（三）邀请企业、行业专家参与人才培养评价工作以了解市场需求

在快速变化的市场环境中，保持人才培养与市场需求的紧密联系是至关重要的。为了实现这一目标，学校应定期邀请来自企业、行业的专家参与人才培养评价工作。这些专家凭借其丰富经验，可以为学校的人才培养提供宝贵的评价和建议。

企业、行业专家的参与，首先为学校带来了市场动态和行业趋势的第一手信息。他们熟悉当前市场的运作模式、技术发展趋势以及行业对人才的具体需求。通过这些专家的反馈，学校可以及时了解行业动态，掌握市场需求，从而为人才培养策略的调整提供有力的依据。

其次，专家的参与还有助于提升人才培养的专业性和实用性。他们可以结合自己的工作实际，对学校的课程设置、实践教学环节等提出具体的建议和改进意见。这有助于学校优化教学体系，使人才培养更加符合市场的实际需求，进而提升学生的职业素养和就业竞争力。

最后，邀请企业、行业专家参与人才培养评价工作也是推动学校与企业深度合作的有效途径。通过这种合作方式，学校和企业可以建立更为紧密的联系，共同探讨人才培养的模式和方法。这不仅能够促进学生的实践学习和职业发展，还有助于双方在技术创新、项目开发等领域的进一步合作与共赢。

【案例】C 职业学院多元化、动态化人才培养评价机制改革

1. 案例背景

C 职业学院作为一所培养应用型人才的高等职业院校，一直致力提升人才培养质量和适应社会需求的能力。然而，随着市场环境的不断变化和行业对人才要求的提高，学院发现传统的人才培养评价机制已无法满足当前的需求。因此，学院决定进行人才培养评价机制的改革，引入多元化、动态化的评价方式，以更好地适应市场需求，提升学生的职业素养和综合能力。

2. 具体实施过程

（1）引入多元化评价方式

项目报告评价方式实施：选择与企业合作的实际项目，确保项目的真实性和实用性。

学生分组进行项目调研，收集相关资料，并撰写项目计划书。在项目实施阶段，学生须定期提交进度报告，记录遇到的问题及解决方案。项目完成后，学生提交最终的项目报告，并进行项目展示和答辩。教师和企业导师共同评价项目报告的质量、创新性和实用性，给出具体反馈。

团队协作评价方式实施：设计团队协作任务，如案例分析、角色扮演等。学生分组完成任务，过程中需进行小组讨论、决策等团队协作活动。教师观察并记录学生在团队中的表现，包括沟通能力、合作精神等。任务完成后，学生进行团队成果展示，并接受教师和其他团队的评价。教师根据观察和评价结果，给出个性化的反馈和建议。

创新竞赛评价方式实施：定期举办各类创新竞赛，如创业计划大赛、科技创新大赛等。

学生自愿组队参赛，提交创新作品或方案。邀请企业、行业专家担任评委，对作品进行评价和打分。表彰优秀作品和团队，激发学生的创新热情。

（2）建立学生成长档案袋

档案袋内容设计：确定档案袋包含的内容模块，如学习计划、课堂表现、作业成果等。

设计电子化的档案袋系统，方便学生和教师随时查看和更新。

数据收集和记录：学生按照要求提交各项学习成果和资料。教师定期录入学生的课堂表现、作业成绩等信息。系统自动记录学生的学习轨迹和进步情况。

反馈和指导：教师定期查看学生的档案袋内容，给出个性化的反馈和指导建议。学生根据反馈调整学习策略和方法，从而提升学习效果。

自我反思和总结：鼓励学生定期查看自己的档案袋内容，进行自我反思和总结。学生记录自己的学习心得和体会，发现自己的优点和不足，制订改进计划。

（3）邀请企业、行业专家参与评价

建立合作关系：与相关企业和行业协会建立长期合作关系，明确合作目标和内容。签订合作协议，确保双方权益得到保障。

专家邀请与参与：根据课程需求和评价目标，邀请具有丰富经验的企业和行业专家来校参与评价工作。为专家提供详细的课程资料和评价标准，确保评价的准确性和客观性。

评价与反馈：专家对课程设置、实践教学环节等进行评价，提出改进意见和建议。学院组织教师与专家进行面对面交流或线上讨论，深入探讨人才培养问题。根据专家的反馈意见，学院及时调整教学策略和课程设置，提升人才培养质量。

持续合作与发展：定期举办校企合作座谈会或研讨会，分享人才培养经验和成果。探索更深层次的校企合作模式，如共建实训基地、开展联合研发等。

3. 效果

学生能力提升显著：多元化评价方式引入后，学生的问题解决能力、团队协作能力和创新能力得到了显著提升。在各类竞赛和活动中，学生屡获佳绩，充分展示了学院的人才培养成果。

教学改进有据可依：学生成长档案袋的建立为教师提供了丰富的教学资源和评价依据。教师可以根据学生的档案袋内容，及时调整教学策略和方法，实现更加个性化、有针对性的教学。

校企合作更加紧密：通过邀请企业、行业专家参与评价工作，学院与企业的合作关系得到了进一步深化。双方在人才培养、技术创新等方面的合作更加紧密，实现了资源共享和优势互补。

社会认可度提升：学院的人才培养评价机制改革得到了社会的广泛认可和好评。多家企业和行业协会表示愿意与学院建立长期合作关系，共同培养更多适应市场需求的高素质人才。

第五章 汽车检测与维修技术人才培养

第一节 汽车检测与维修技术人才需求分析

一、汽车检测与维修技术在行业中的重要性

（一）汽车检测与维修技术是确保汽车安全运行的基石

汽车作为现代社会不可或缺的交通工具，其安全性直接关系到道路交通的顺畅与人民生命财产的安全。汽车检测与维修技术通过专业的设备和手段，对汽车各个系统进行全面的检查与诊断，能够及时发现潜在的安全隐患，如刹车系统失灵、转向系统异常等，从而避免事故的发生。因此，汽车检测与维修技术在保障汽车安全运行方面发挥着至关重要的作用。

（二）汽车检测与维修技术对于提升汽车使用寿命具有重要意义

汽车是一个复杂的机械系统，随着使用时间的增长，各个部件不可避免地会出现磨损和故障。通过定期的检测与维修，可以及时发现并更换磨损的部件，修复故障，从而延长汽车的使用寿命。这不仅能够为消费者节省更换新车的成本，还能够减少因汽车报废而产生的环境压力。

（三）汽车行业的快速发展推动了汽车检测与维修技术需求的增长

近年来，随着汽车行业的迅猛发展，汽车保有量呈现出快速增长的态势。

这意味着越来越多的汽车需要定期的检测与维修服务。同时，随着汽车技术的不断进步，新型汽车结构和电子控制系统的应用也对汽车检测与维修技术人员提出了更高的要求。因此，汽车行业对专业、高效的汽车检测与维修技术人才的需求日益旺盛。

（四）专业的汽车检测与维修技术人员是提升服务质量的关键

在汽车服务行业中，专业的汽车检测与维修技术人员是保证服务质量的核心力量。他们具备丰富的专业知识和实践经验，能够迅速准确地诊断出汽车故障的原因，并提供有效的解决方案。这不仅能够提高客户的满意度，还能为企业赢得良好的口碑和市场份额。因此，培养和引进专业的汽车检测与维修技术人才是汽车服务行业持续发展的重要保障。

二、当前及未来对汽车检测与维修技术人才的需求预测

当前，随着汽车技术，尤其是新能源汽车、电动汽车和智能网联汽车的持续进步，汽车检测与维修技术领域正面临深刻的变革。这一变革对相关的技术人才提出了更高的需求。预计未来，特别是在前沿技术领域，对汽车检测与维修技术人才的需求将更为迫切。

薪资方面，高端岗位如研发总监、车联网工程师和整车热管理工程师等因技能要求高而薪资优厚。全国范围内，汽车检测与维修技术人才的薪资主要集中在 5~10K、10~15K 和 20~30K 三个区间，显示了该行业薪资的多样性和层次性。

在学历和经验方面，市场对本科学历的人才需求最大，大专学历的人才紧随其后。而在经验上，3~4 年经验的人才最受欢迎，其次是 8~9 年和 2 年经验的人才，这表明行业既看重理论基础，也重视实践经验。

三、企业对汽车检测与维修技术人才的技能要求

企业在招聘汽车检测与维修技术人才时，通常注重以下几个方面的技能：一是扎实的汽车理论基础，包括汽车构造、原理、性能等方面的知识；二是熟练的实践操作能力，能够独立完成汽车的检测、诊断与维修任务；三是良好的沟通能力和服务意识，能够与客户有效沟通并解释技术问题；四是持续学习的能力，以适应汽车技术的不断更新和发展。此外，对于新能源汽车领域的技术人才，企业还特别关注其在电动汽车电池、电机、电控等方面的专业技能和经验。

【例如】汽车维修工

典型岗位：

汽车维修技师、汽车美容技师、机修技师、机电技师

专业能力：

① 能够在维修过程中对客户车辆采取有效的防护措施。

② 能够负责维修后的整理工作，做到油、水、物"三不落地"，保持车间整洁、有序。

③ 能够依据作业标准完成美容、维修等项目。

④ 能够对维修设备、设施及使用工具进行安全检查。

⑤ 能够负责工序质量的自检工作。

⑥ 能够负责工位区域环境的清洁。

⑦ 能够负责本岗位技术问题的收集、整理和上报工作。

⑧ 能够负责本岗位设备的日常管理及安全检查、整改工作。

⑨ 能够负责车辆日常保养、检查、维修工作。

⑩ 能够对日常工具、设备进行日常维护、保养工作。

⑪ 有一定的处理客户抱怨、投诉能力。

⑫能够根据汽车的钣金维修保养流程要求，在规定的时间内完成车辆的钣金维修保养施工。

⑬能够负责维修质量的自检工作。

⑭能够对汽车漆面进行简单的抛光、补漆、维修。

⑮能够执行退租回场设备的检修工作，使待租设备始终符合待租标准。

⑯熟悉车间的工具、仪器、设备，并能维护和管理好这些设备工具。

⑰能够负责进店保养车辆的施工与填写检测单并对门店车辆的故障排除及操作工作。

⑱能够负责机修区域的5S卫生工作。

⑲能够对进店维修的车辆进行检查、维修等工作。

⑳懂汽车的维修、保养及运输途中的故障抢修，确保生产运输不受影响。

㉑能够对车辆进行日常保养、检查和维修，认真学习车辆维修技术，参加并成功完成相应培训。

㉒能够维护维修专用工具、机械设备。

㉓能够接受服务顾问下达的派工任务，开展车辆底盘、发动机、传动及电器等相关方面的检查和诊断工作。

㉔能够根据检查和诊断结果，将需要增减的维修项目反馈给服务顾问，并由其与客户签订新的任务委托书。

㉕能够根据新任务委托书，完成相关维修和保养工作。

㉖具有独立完成维修、保养工作的能力。

㉗能够按照标准对维修诊断及保养过程进行记录。

㉘具备基础的车辆结构、系统功能和主要部件知识。

㉙具备一定的机动车辆服务、维修及诊断知识。

㉚能够从事豪华品牌、进口车辆机电维修，包括发动机、底盘、电路、空调系统、钣金喷漆等。

㉛能够负责车辆的日常检查和维修工作，严格按照工艺和技术要求实施维修作业。

㉜具有豪华品牌、进口车维修经验，熟悉汽车机电维修、钣金喷漆等。

㉝能够负责汽车拆卸与组装工作。

㉞能够负责汽车设备的装配、调试工作。

㉟能够负责汽车安装工作。

㊱能够协助维修师傅进行汽车诊断、保养、维修作业。

㊲能够根据组长安排完成车辆的机修工作。

㊳能够负责汽车故障诊断、故障维修等工作。

㊴能够负责汽车的例行保养工作。

㊵能够诊断车辆故障，按照标准进行相应的维修及报价，必要时与其他技师一同进行车辆维修。

㊶能够帮助做好服务接待，需要时给予技术支持，正确使用专用工具进行维修。

㊷熟悉汽车的理论知识，熟悉汽车的故障诊断，熟悉各种车型的常规维修及保养，能独立排除故障。

㊸能够负责机修项目的技术指导，制订班组任务计划并组织实施。

㊹能够按公司流程为车辆提供标准化的维修、保养等服务。

㊺能够与定损理赔专员对接维修项目，进行车辆的维修工作。

㊻能够正确使用维修工具、设备，并认真填写和保存各类维修质量记录。

㊼能够负责公司站点内车辆的一般维修、保养、基本保障处理、零部件更换工作。

㊽能够协助班组长对维修车辆的故障检查、报价。

㊾有电路基础，主要维修各类型的轿车、新能源车。

㊿能独立对车辆故障进行诊断和处理，懂得车辆的构造原理和特性。

(51)能够负责汽车整车拆卸、安装、维修工作。

(52)能够对维修车辆的易损部件和涉及车辆行驶安全的部件进行必要的检查，填写建议维修项目上并报班组组长。

(53)如遇疑难技术问题，能够协助技术部进行故障诊断及排除，并将维修过程及经验形成文件，存入技术文库。

(54) 熟悉各类型汽车常规保养，独立完成快修能力，更换配件，底盘损件，空调线路问题。

(55) 精通小车底盘、电路、四轮定位、轮胎更换等维修项目。

(56) 能够对客户维修车辆进行预检，并提供操作和维修技术修复。

(57) 能够按照操作规范和工艺流程对车辆进行快速维护。

(58) 能够负责为客户提供保养、维修、车辆使用的咨询及提醒服务。

(59) 能够负责车辆精洗、美容工作。

(60) 能够掌握维修政策，严格执行维修站的各项流程，安全作业。

(61) 能够负责返修车辆的质量监督和检查工作，并做好记录。

(62) 能够参与重大、疑难故障的分析与鉴定，确保车辆故障及时、有效地处理。

(63) 能够负责车辆交付前表面微瑕疵抛光打蜡、清洗发动机、精洗内饰等工作。

(64) 能够制定服务站发展规划及所需资源配置。

(65) 有较好的整车试车能力，能判断变速箱、发动机等故障问题。

(66) 熟练使用诊断电脑仪器。

(67) 能够对美容项目所需设备进行保管及保养。

(68) 能够积极参加各种安全活动和岗位技术练兵，提高安全意识和技能。

安全环保：

① 能够进行设备安全操作法等的培训，保证员工能熟练操作，安全生产。

② 能够负责安全文明施工并予以控制。

沟通合作：

① 具有优秀的谈判能力，思维敏捷，善于与人沟通，主动性强。

② 严谨细致，具有较强的协调能力。

③ 具有良好的分析和解决问题的能力。

通用能力：

① 熟练使用办公软件，数据统计分析有一定基础。

② 具有较好的文字功底，能够熟练开展各类产品资料、论文等编写任务。

创业能力：

① 具备求是创新精神，务实颠覆自我精神及较强的学习能力，具备正确的人生价值观。

② 具备较好的创新能力、问题解决能力及团队合作能力，责任心强。

③ 善于创新，善于应用新技术。

④ 能够负责新产品的开发及老产品的改进工作。

⑤ 具有严谨的科学态度和务实的工作作风。

道德责任：

① 有良好的职业道德和较强的抗压能力。

② 遵守国家法律法规，遵守社会道德。

③ 具有敬业精神及积极向上的工作态度。

学习能力：

① 善于处理流程性事务，具有良好的学习能力、独立工作能力和较强的分析能力。

② 严谨认真、善于学习、善于思考创新、积极上进。

③ 态度积极、学习能力强。

④ 有较强的自我驱动力，勤于学习。

⑤ 积极主动学习的能力，以及较强的求知欲。

信息能力：

① 能够及时准确地提供管理信息报表和管理建议。

② 有较强的文字撰写、编辑、整合能力，创意能力，敏锐的信息捕捉、分析能力。

③ 能够进行市场信息的收集整理以及分析工作。

④ 能够了解和掌握市场信息，收集和分析市场建议及意见。

⑤能够对产品的可用性进行测试和评估，提出改进方案，持续优化产品的用户体验。

第二节 当前汽车检测与维修技术人才培养现状

一、职业院校汽车检测与维修技术专业的开设情况

汽车检测与维修技术专业与职业谱系图包含三个职业方向与六个教育层级。职业方向分别为检测维修类、设计开发类、生产操作类。教育层级 3 级为高中，中专/中技，初中（及以下）要求的岗位，4 级为大专要求为主的岗位，5 级为本科要求为主的岗位，6 级为硕士、博士要求为主的岗位。不同要求方框中为典型岗位名称、招聘需求量和招聘需求占比信息。具体如下表所示：

各级职业院校汽车检测与维修技术专业设置情况

职业教育级别	检测维修类	设计开发类	生产操作类
6 级 学历：硕士及以上 经验：3~5 年 薪资：20K 以上	汽车电子工程师（1256） NVH 工程师（2140） 结构工程师（3171）	汽车检测工程师（1168） 焊接工程师（2187） 研发总监（2444） 汽车总装工程师（3120）	激光工程师（2323） 底盘工程师（2824） 车身工程师（4124） 车联网工程师（2116） 技术 VP（2410）
5 级 学历：本科 经验：5~10 年 薪资：20K 以上	整车热管理（2140） 汽车产品规划（2960） 汽车检测工程师（3168） 汽车配件销售（3410） 液压工程师（2214）	车联网工程师（3316） 液压工程师（2224） 汽车产品规划（4120）	汽车产品规划（2410） 汽车质量工程师（4114） 研发总监（2144） 汽车配件销售（1120） 动力系统工程师（1365）

续表

职业教育级别	检测维修类	设计开发类	生产操作类
4级学历：大专 经验：0~1年 薪资：15K~20K	汽车质量管理员（3210）	研发专家（3230）	机电设备技师（1228）
	车身工程师（1124）	汽车零部件设计师（3703）	汽车贴膜（1202）
	汽车配件销售（6100）	动力系统工程师（1165）	汽车试制工程师（1156）
	内外饰设计工程师（1326）	汽车电子工程师（1256）	生产组长（2210）
	车联网工程师（1216）	车身工程师（1124）	汽车质量管理员（2333）
	激光工程师（3223）	内外饰设计工程师（3626）	
		机电设备技师（1228）	
3级学历：高中、中专/中技，初（及以下） 经验：0~1年 薪资：15K~20K	汽车维修工（2588）	模型工程师（1008）	汽车涂装工程师（4271）
	模型工程师（3108）	汽车试制工程师（156）	汽车零部件设计师（3303）
	机电设备技师（1228）	研发专家（3230）	汽车定损理赔员（2210）
	冲压工（1210）		电子设备技师（3395）

二、现有汽车检测与维修技术人才培养方案的评估

（一）方案内容的完善性

现有汽车检测与维修技术人才培养方案深入剖析了汽车的构造原理，详细讲解了汽车维修技术的具体操作流程和方法。使学生能够对汽车的各个部件及其功能有全面的认识，熟练掌握汽车维修的基本技能，为日后的实际工作打下坚实的基础。

在电子技术方面，该方案同样给予了足够的重视。随着汽车电子化程度的不断提高，电子技术已经成为现代汽车维修不可或缺的一部分。因此，方

案中纳入了汽车电子技术的相关内容，旨在培养学生这方面的专业素养，使他们能够紧跟汽车技术的发展步伐。

检测与故障诊断技术作为汽车检测与维修的核心环节，也被该方案重点涵盖。学生会学习如何运用先进的检测设备和诊断技术来准确判断汽车故障的原因和位置，从而提高维修效率和质量。

（二）方案与行业需求的契合度

汽车检测与维修技术人才培养方案在设计和实施过程中，紧密围绕汽车行业对人才的需求进行。通过一系列系统的课程学习和实践操作训练，使学生掌握与汽车行业紧密相关的专业技能和知识。

在传统汽车领域，该方案注重汽车构造、维修技术、电子技术以及检测与故障诊断等核心技能的培养。这些技能是汽车行业长期以来对人才的基本要求，掌握这些技能的学生能够迅速融入行业，胜任相关工作。

同时，随着新能源汽车市场的快速发展，该方案也在一定程度上进行了前瞻性布局。在课程设置中，增加了与新能源汽车相关的知识和技能训练，如电池技术、电机控制、充电设施等。这使得学生在毕业后不仅能够适应传统汽车市场的需求，也具备进入新能源汽车市场所需的基本能力。

因此，可以说目前的人才培养方案与汽车行业对人才的需求保持了较高的契合度。这种契合度体现在方案既满足了行业当前的需求，又在一定程度上预见了行业未来的发展趋势，为学生未来的职业发展奠定了坚实的基础。

（三）方案应对技术革新的挑战

面对汽车技术的持续革新，特别是新能源汽车技术的突飞猛进，现有汽车检测与维修技术人才培养方案确实面临一定的挑战。新能源汽车，如电动汽车、混合动力汽车等，其构造、动力系统和维修技术相较传统汽车有着显著的不同。电池、电机、电控等核心部件的维修与诊断技术，以及高压系统的安全操作等，都是新能源汽车领域特有的技能要求。

现有方案中，虽然已经对新能源汽车技术有所涉及，但随着技术的不断进步和市场的快速扩张，这部分内容亟须更新和深化。例如，需要增加关于新能源汽车最新技术趋势、维修工具与设备的使用方法，以及特定故障诊断与排除的实战案例等教学内容。

同时，培养方式也应作出相应调整。除了传统的课堂教学外，还应加强实验室实践、企业实习等实践教学环节，使学生亲身体验并掌握新能源汽车的维修与检测技术。此外，与新能源汽车相关的安全培训也应成为人才培养方案的重要组成部分，确保学生在未来的工作中能够安全、有效地操作。

（四）方案调整与更新的必要性

汽车技术的不断进步和市场的持续变化，使得汽车检测与维修技术领域对人才的需求也在不断变化。因此，对现有的人才培养方案定期评估、及时调整和更新，成为了确保教育质量和满足行业需求的关键环节。

一方面，随着新能源汽车市场的快速崛起，相关的技术知识和实践技能已经成为了从业者必备的能力。这就要求人才培养方案必须及时引入新能源汽车相关的课程，如电池管理系统、电机驱动与控制、充电设施维护等，以确保学生能够全面掌握新能源汽车的检测与维修技术。

另一方面，实践教学设备的更新也是方案调整中不可忽视的一部分。随着汽车技术的不断发展，新的检测设备和维修工具不断涌现。为了让学生在实际操作中接触到最新的技术和设备，学校必须定期更新实践教学设备，以保持与行业发展同步。

三、人才培养中存在的问题与挑战

（一）实践教学环节薄弱

在汽车检测与维修技术人才的培养过程中，实践教学环节占据着举足轻重的地位。然而，当前部分学校在这一关键领域仍存在明显不足，这主要体现在设备投入不足和校企合作不够深入两个方面。

设备投入不足的问题直接影响了学生实践操作的广度和深度。由于资金、场地等资源的限制，一些学校无法及时引进和更新先进的汽车维修设备和工具。这导致学生在实践过程中无法接触到行业最新的技术成果，从而限制了他们实践操作能力的提升。为了解决这一问题，学校需要积极争取政府、企业等社会各界的支持，加大设备投入力度，确保实践教学条件与行业发展水平保持同步。

另一方面，校企合作的不够深入也制约了实践教学的质量。虽然一些学校已经与企业建立了合作关系，但这些合作往往停留在表面，缺乏深度和广度。这导致学生无法在实际工作环境中获得足够的实践机会，难以将理论知识与实际操作相结合，从而影响了他们的学习效果和职业发展。为了改善这一状况，学校需要主动加强与企业的沟通和协作，深化校企合作内涵，共同制订实践教学计划，为学生提供更多、更优质的实践机会。

（二）师资力量的不均衡

在汽车检测与维修技术领域的教学中，师资力量的均衡性对于确保教学质量至关重要。然而，现实中往往存在着师资力量不均衡的问题，这主要体现在两个方面。

一方面，虽然部分教师拥有深厚的汽车理论知识，但他们的实践经验相对不足。汽车检测与维修是一门实践性极强的技术，仅仅依靠理论知识是远远不够的。缺乏实际维修经验的教师在指导学生进行实践操作时，难以提供有效建议和指导，这无疑影响了学生的学习效果和技能提升。

另一方面，汽车技术日新月异，不断有新的技术和设备涌现。这就要求教师必须保持持续学习的状态，以便及时跟进并掌握最新的汽车技术知识。然而，部分教师由于各种原因，未能及时更新自己的知识体系，导致他们在教学中所传授的内容与实际需求存在脱节。这种脱节不仅会影响学生的学习兴趣和积极性，还可能使学生在毕业后难以适应行业发展的需求。

（三）新能源汽车技术发展的挑战

新能源汽车技术的迅猛发展及其市场的持续扩大，为汽车检测与维修行业带来了新的机遇，但同时也伴随着一系列挑战。新能源汽车，包括但不限于电动汽车、混合动力汽车以及氢燃料电池汽车等，其动力系统、电池管理、电机控制等核心技术与传统燃油汽车存在显著差异。

在教学内容方面，这些技术的差异性和复杂性要求人才培养方案进行深度的更新与调整。然而，现阶段一些学校的教学计划仍侧重于传统汽车技术，对新能源汽车技术的涉及尚显浅薄。这导致学生在校期间难以接触到最新的技术知识，无法为未来的职业生涯做好充分准备。

在实验设备方面，新能源汽车的维修与检测需要特定的设备和工具。这些设备通常价格昂贵，技术更新迅速，对学校的教学投入提出了更高的要求。

这种教学内容与实验设备上的不足，不仅影响了学生的学习效果和技能掌握，更可能使他们在未来的就业市场上处于不利地位。因此，面对新能源汽车技术发展的挑战，学校必须加快人才培养方案的更新与调整步伐，确保学生能够紧跟行业发展的最新趋势，为未来的职业生涯奠定坚实基础。

第三节 汽车检测与维修技术人才培养策略与建议

一、完善汽车检测与维修技术专业课程体系

（一）构建系统的汽车基础理论课程

在构建汽车检测与维修技术专业课程体系时，首要任务是确保学生能够掌握坚实的汽车理论基础。为此，必须精心设置一系列的汽车基础理论课程。

这些课程应涵盖汽车构造、汽车原理以及汽车电子技术等核心内容。其中，汽车构造课程应详细介绍汽车的各个组成部分，包括发动机、底盘、车

身等，使学生对汽车的整体结构有清晰的认识。汽车原理课程则应深入阐述汽车的工作原理和性能特点，帮助学生理解汽车是如何运行以及各部件之间是如何相互作用的。

同时，汽车电子技术课程也是不可或缺的一部分。随着汽车电子化程度的不断提高，电子技术已经成为了现代汽车的重要组成部分。因此，这门课程应重点介绍汽车电子控制系统的基本原理和常见故障诊断方法，为学生后续学习先进的检测与维修技术打下坚实基础。

（二）强化检测诊断技术课程

在汽车检测与维修技术专业课程体系中，检测诊断技术占据着举足轻重的地位。作为该专业的核心技术之一，检测诊断技术的掌握程度直接关系到学生未来在职场上的竞争力和维修服务的质量。

为了让学生深入了解和掌握这一技术，课程体系中必须包含汽车检测与故障诊断技术、汽车性能测试技术等专门课程。这些课程应着重介绍现代汽车检测与诊断的基本原理、方法以及常用的检测设备与仪器。通过学习，学生能够熟练操作各种先进的检测设备，如诊断仪、示波器、多功能测试仪等，并能够利用这些设备对汽车进行准确的故障诊断与性能测试。

此外，课程还应注重培养学生的实际操作能力。在大量的实验和实训环节中，学生应在教师的指导下亲自操作检测设备，对实际故障车辆进行检测与诊断，从而在实践中不断巩固和提升所学技能。

通过这些课程的学习与实践，学生将能够准确判断汽车故障，迅速找到故障原因，并采取有效的维修措施。这不仅可以大大提高维修效率，还能确保维修质量，从而赢得客户的信任和市场的认可。

（三）注重维修实务课程实践

维修实务课程在汽车检测与维修技术专业课程体系中具有举足轻重的地位，它是培养学生实际操作技能和职业素养的关键环节。为了确保学生能够在真实的工作环境中迅速适应并胜任各种维修任务，课程体系中必须着重强调维修实务课程的实践性。

首先，设置汽车维修工艺课程，这门课程应详细介绍汽车维修的基本流程、操作规范以及常用的维修工具与设备。学生不仅需要了解汽车维修的理论知识，还需要在教师的指导下进行实际操作，掌握正确的工具使用方法和维修流程。

其次，汽车维修案例分析课程也是必不可少的。这门课程应通过大量的真实维修案例，让学生深入了解汽车故障的诊断与排除过程。通过对案例的分析与讨论，学生可以学会如何根据故障现象判断故障原因，并制定相应的维修方案。这种基于案例的学习方式不仅能够加深学生对理论知识的理解，还能提高他们的故障诊断与排除能力。

最后，除课堂教学外，实训环节也是维修实务课程中不可或缺的一部分。学校应为学生提供充足的实训时间和良好的实训条件，让他们在模拟的真实维修场景中亲身参与维修过程。通过实训，学生可以将在课堂上学到的理论知识应用到实践中，从而培养他们的动手能力和解决问题的能力。同时，实训还能帮助学生积累宝贵的实践经验，为他们未来在职场上的发展打下坚实基础。

（四）引入新兴技术课程

在当今快速发展的汽车行业中，新能源汽车、智能网联汽车等新兴技术正引领着行业的变革。为了适应这一行业趋势并培养出具备前沿技术知识的专业人才，汽车检测与维修技术专业课程体系必须及时进行调整与更新。

课程体系中应引入新能源汽车技术课程，这门课程应涵盖新能源汽车的基本原理、构造特点、电池管理系统、电机驱动与控制等关键技术。通过学习，学生能够深入了解新能源汽车的运行机制，掌握其检测与维修的基本技能，从而满足市场对新能源汽车维修人才的需求。

同时，智能网联汽车技术课程的引入也是必不可少的。这门课程应介绍智能网联汽车的基本概念、技术架构、通信协议以及智能驾驶辅助系统等内容。通过学习，学生能够了解智能网联汽车的最新发展动态，掌握车载网络系统的故障诊断与排除方法，为未来从事智能网联汽车维修工作奠定坚实基础。

【案例】新能源汽车技术课程的引入与实施

1. 案例背景

随着新能源汽车市场的快速发展，某高职院校汽车检测与维修技术专业意识到传统课程体系已无法满足行业对新能源汽车维修人才的需求。因此，学院决定对课程体系进行改革，引入新能源汽车技术课程，以提升学生的专业技能和就业竞争力。

2. 具体实施过程

（1）课程设计与准备

市场调研：

学院派遣了由 5 名专业教师组成的团队，前往新能源汽车生产企业、维修站点及销售门店进行为期一个月的实地调研。

调研内容主要包括新能源汽车的市场占有率、常见故障类型、维修技术难点以及企业对维修人才的需求状况。

通过与一线技术人员、管理人员的深入交流，获取了大量第一手资料，为后续课程设计提供了实际数据支持。

课程大纲制定：

基于市场调研结果，教师团队召开多次研讨会，确定了新能源汽车技术课程的核心内容。

课程大纲细分为新能源汽车概述、动力电池技术、电机与电力电子技术、整车控制系统、充电与辅助系统五大模块，每个模块下又设置了若干具体的教学单元。

针对每个教学单元，制定了详细的教学目标、教学内容、教学方法和评价标准。

实训设备采购与配置：

学院拨出专项资金，用于购置新能源汽车教学实训设备。

通过与多家设备供应商洽谈，最终选购了包括新能源汽车整车、动力电池拆装台架、电机控制器实验箱等在内的一批先进实训设备。

实训设备到货后，学院组织专业人员进行设备安装调试，确保设备能够正常投入使用。

（2）教学实施

课堂教学：

新能源汽车技术课程被安排在第三学年上学期，每周4学时，共计64学时。

教师采用多媒体教学手段，结合PPT、视频、动画等形式，生动形象地展示新能源汽车的关键技术。

课堂上，教师鼓励学生提问和讨论，通过互动式教学激发学生的学习兴趣和主动性。

实验教学：

学院新建了新能源汽车技术实验室，配备了齐全的实验设备和工具。

实验内容紧扣课程大纲，包括动力电池性能测试、电机驱动与控制实验、整车故障诊断与排除等。

学生在教师的指导下进行分组实验，亲自动手操作设备，记录实验数据，撰写实验报告。

企业实习：

学院与当地一家知名的新能源汽车维修企业签订了校企合作协议。

在课程结束后的暑假期间，安排学生进入企业进行为期一个月的实习。

实习期间，学生被分配到不同的维修班组，跟随企业导师学习新能源汽车的维修流程和技巧。

学生参与真实的新能源汽车维修项目，亲身体验企业工作环境，提升实践操作能力。

（3）评价与反馈

课程评价：

学院制定了详细的课程考核标准，包括平时成绩（占30%）、实验成绩（占30%）和期末考试成绩（占40%）。

平时成绩主要考查学生的出勤率、课堂表现、作业完成情况等；实验成绩主要评价学生的实验操作能力、实验报告质量等；期末考试成绩则通过闭卷考试的形式检验学生对课程知识的掌握程度。

学生反馈：

学院定期召开学生座谈会，邀请各班级的学生代表参加，就新能源汽车技术课程的教学情况进行交流反馈。

学生普遍反映该课程内容新颖、实用性强，对提升他们的专业技能有很大帮助。同时，也提出了一些改进建议，如增加实验课时、优化实验内容等。

教师认真听取学生的反馈意见，及时调整教学策略和方法，以满足学生的学习需求。

企业评价：

实习结束后，企业导师对学生的实习表现进行综合评价，并给出书面鉴定意见。

企业导师普遍认为学生在实习期间表现出色，能够迅速融入团队，掌握基本的维修技能。同时，也针对学生在实习过程中暴露出的问题和不足提出了宝贵的改进意见。

学院将企业的评价意见及时反馈给学生和教师团队，作为后续教学改进的重要依据。

3. 效果

（1）学生技能提升

引入新能源汽车技术课程后，学生的新能源汽车维修技能得到了显著提升。他们在实习期间能够迅速适应企业的工作环境，独立完成新能源汽车的故障诊断与维修任务。

（2）就业竞争力增强

学生在掌握新能源汽车维修技能后，就业竞争力大幅提升。多家新能源汽车维修企业向学院表达了招聘意向，并给予了高度评价。

（3）行业认可度提高

学院通过与新能源汽车维修企业的合作，提高了知名度。多家企业表示愿意与学院建立长期合作关系，共同培养新能源汽车维修人才。

（4）教学相长，教师能力提升

教师在教授新能源汽车技术课程的过程中，也不断丰富自己的知识储备，提升了自身的专业素养和教学能力。

二、加强实践教学与校企合作，提升实操能力

（一）加大实践教学比重

实践教学是汽车检测与维修技术专业教育中不可或缺的一环，其对于学生技能培养和职业素养的提升具有显著的影响。考虑到这一点，学校应对现有的教学计划进行合理调整，以确保实践教学在整个教育体系中占据更为重要的地位。

具体而言，学校可以通过增加实践教学的课时数、优化实践教学内容以及提升实践教学设施水平等方式来加大实践教学的比重。

（二）建立完善的实训基地

实践教学的质量在很大程度上取决于实训基地的完善程度。因此，学校必须重视并投入必要的资金来建设高质量的实训基地。这些实训基地不仅应配备先进的汽车检测与维修设备，以模拟真实的汽车维修环境，还应注重教学功能的完善和安全措施的落实。

在设备配置方面，实训基地应引进当前汽车行业广泛使用的先进的检测与维修设备。这包括各种诊断仪器、维修工具以及相关的软件系统等。

除了硬件设备的投入，实训基地还应具备完善的教学功能。这包括制订详细的教学计划、编写实用的实训教材以及配备经验丰富的指导教师等。

同时，安全保障措施的落实也是实训基地建设中不可忽视的一环。学校应确保实训基地的安全管理制度健全，安全设施完备，并对学生进行必要的安全教育和培训。

（三）深化校企合作，共同开展实习实训活动

在汽车检测与维修技术专业教育中，深化校企合作是一项至关重要的战略举措。学校应当积极主动与知名汽车企业建立稳固的合作关系，共同推进实习实训活动的开展。

通过校企合作，学校可以邀请具有丰富实践经验的专家参与课程设计和实践教学环节。这些企业专家不仅能为学校提供宝贵的教学建议，还能带来行业最新的技术动态和市场需求信息，从而确保教学内容与实际需求紧密相连，使教育更具针对性和实效性。

同时，企业应为学生提供广阔的实习和实训平台。通过在企业内部的真实工作环境中进行实践操作，学生能够深入了解汽车维修行业的实际运作，掌握更多的专业技能和工作方法。这种实习实训经历不仅能有效提升学生的实操能力，还能培养他们的职业素养和团队协作精神，为他们未来的就业奠定坚实基础。

（四）开展项目研发，培养学生创新能力

项目研发活动是学校与企业深度合作的又一重要体现，这种活动形式为学生提供了一个更为广阔的创新实践平台。学校应与企业携手，共同围绕汽车检测与维修技术领域的热点和难点问题，制定切实可行的研发项目。

在这些项目中，学生将有机会亲身参与研究过程，从项目规划、方案设计到实验验证等环节都能获得宝贵的实践经验。通过与企业技术人员的紧密合作，学生可以接触到最新的技术动态、前沿的科研理念以及先进

的研发方法，这对于拓宽他们的知识视野、提升专业技能水平具有显著意义。

更为重要的是，项目研发活动能够有效培养学生的创新思维和解决问题的能力。在面对实际的技术难题时，学生需要充分调动自己的知识储备，发挥想象力和创造力，寻找切实可行的解决方案。这个过程不仅锻炼了学生的思维能力，也提升了他们的实践能力和创新意识。

【案例】D 职业学院汽车检测与维修技术专业实践教学与校企合作提升实操能力

1.案例背景

随着汽车行业的快速发展，市场对汽车检测与维修技术人才的需求日益旺盛。D 职业学院作为培养应用型技术人才的重要基地，意识到实践教学与校企合作在提升学生实操能力中的重要性。为了更好地满足行业需求，学院决定对汽车检测与维修技术专业进行实践教学改革，并加强与企业的合作。

2.具体实施过程

（1）加大实践教学比重

教学计划调整：

学院组织教师团队与行业专家进行多次研讨，根据行业发展趋势和学生就业需求，将实践教学课时从 30% 提升至 50%。

调整后的教学计划明确规定了实践教学的目标和内容，确保理论与实践的紧密结合。

设备更新与引进：

学院投入资金，购买了市场上主流的汽车故障诊断仪、先进的维修工具及软件系统。

这些设备不仅用于日常教学，还为学生提供了模拟真实工作环境的实操机会。

项目式教学法实施：

教师设计了一系列基于实际案例的教学项目，如汽车发动机故障排查、制动系统维修等。

学生分组进行项目操作，从故障诊断到维修完成，全程参与，教师提供指导和反馈。

（2）建立完善的实训基地

合作建设与维修企业标准对接：

学院与多家汽车企业合作，共同出资建设了符合行业标准的现代化汽车维修实训基地。

基地内设有模拟维修车间、诊断室等，完全按照企业实际工作环境布局。

专家指导团队组建：

聘请了5位具有10年以上从业经验的汽车维修专家作为实训基地的专职或兼职指导教师。

这些专家不仅提供实操指导，还分享行业最新动态和工作经验，极大丰富了教学内容。

安全管理与培训：

学院制定了详尽的安全操作规程，包括设备使用说明、紧急事故处理流程等。

学生在进入实训基地前必须接受安全教育和操作培训，确保实训过程的安全无误。

（3）深化校企合作，共同开展实习实训活动

校企合作协议签订：

学院与5家知名汽车企业签订了为期3年的校企合作协议，明确了双方的责任和义务。

协议中包括实习生的选拔标准、实习内容、指导方式以及实习期间的权益保障等。

顶岗实习安排与实施：

在大三上学期，学院根据企业需求和学生意愿，安排学生进入企业进行为期6个月的顶岗实习。

实习期间，学生跟随企业导师参与实际维修项目，学习企业文化和工作流程。

实习成果评价与反馈：

学生每周提交实习日志，记录实习经历和学习心得，由学院教师和企业导师共同评价。

实习结束后，学生提交详细的实习报告，并进行实习成果展示，接受学院和企业的综合评价。

（4）开展项目研发，培养学生创新能力

汽车技术创新实验室建设：

学院投入专项资金，与两家汽车技术研发企业合作，共同建设了汽车技术创新实验室。

实验室配备了先进的研发设备和软件，为学生提供了良好的创新实践平台。

学生参与研发项目：

学院鼓励学生积极参与实验室的研发项目，如新能源汽车技术、智能驾驶辅助系统等。

学生在导师的指导下，进行项目规划、方案设计、实验验证等，培养了科研素养和创新能力。

成果展示与交流活动：

学院每学期组织学生进行项目成果展示和交流活动，邀请行业专家和企业代表参加。

通过展示和交流，学生不仅获得了宝贵的反馈和建议，还激发了更大的创新热情和团队合作精神。

3. 效果

经过实践教学改革和校企合作的深化推进，D职业学院汽车检测与维修技术专业取得了显著成效：

学生的实操能力得到了大幅提升，毕业生在汽车维修行业的就业竞争力明显增强。

项目研发活动培养了学生的创新思维和解决问题的能力，为汽车行业的持续发展和技术进步输送了高质量的人才资源。

三、建立汽车检测与维修技术人才评价体系与反馈机制

（一）构建全面的评价体系

在汽车检测与维修技术专业教育中，构建一个全面的评价体系对于确保人才培养质量至关重要。这一评价体系需要综合考虑学生的理论知识掌握情况、实操技能水平以及职业素养等多个方面，以全面、客观地评估学生的实际能力。

首先，评价体系应包含对学生理论知识掌握情况的考核。通过定期进行的课堂测试、期中期末考试以及专业知识竞赛等方式，可以系统地检验学生对汽车检测与维修相关理论知识的掌握程度。这些考核结果能够为教师提供及时的教学反馈，帮助他们了解学生在知识理解上的薄弱环节，从而有针对性地进行教学调整。

其次，实操技能水平的评估也是评价体系中不可或缺的一部分。学校可以定期组织学生进行技能操作考核，如汽车故障诊断与排除、维修工具使用等，以检验他们的动手能力和技能熟练程度。此外，通过参与行业内的技能竞赛，学生不仅可以展示自己的技能成果，还能在竞赛过程中学习到更多的技术和操作技巧。

最后，职业素养的评判也是评价体系中的重要一环。在汽车维修行业中，良好的职业素养同样重要，它关系到工作人员的态度、团队协作能力以及客户服务水平等多个方面。因此，学校应通过企业实习评价、模拟职场环境中

的角色扮演等方式，对学生的职业素养进行考查和培养。这些评价方式能够帮助学生更好地适应未来职场环境，提升他们的综合竞争力。

（二）实施多元化的评价方式

在汽车检测与维修技术人才评价体系中，实施多元化的评价方式至关重要。这种评价方式能够更全面地反映学生的能力水平和综合素质，适应不同学生的学习特点和个性化发展需求。

除了传统的笔试和实操考核，口头报告、项目展示和团队合作等评价方式也应被纳入评价体系。口头报告可以锻炼学生的表达能力和思维逻辑，使他们能够清晰地阐述自己的观点和想法。项目展示则可以让学生展示自己在实际操作中的成果，体现他们的实践能力和创新思维。而团队合作则有助于培养学生的团队协作精神和沟通能力，这对于他们未来在职场中的发展至关重要。

同时，鼓励企业参与评价过程也是实施多元化评价方式的重要一环。通过企业实习、校企合作项目等方式，学生可以在实际工作环境中接受评价，这种评价方式更具实用性和针对性。企业可以根据自身需求和标准，对学生的专业技能、工作态度和团队协作能力等进行评价，从而为学生提供更贴近职场需求的反馈和指导。

（三）建立有效的反馈机制

在汽车检测与维修技术人才评价体系中，建立有效的反馈机制是确保评价体系持续改进和优化的关键环节。这一机制的核心在于及时、准确地收集并分析来自多个渠道的反馈信息，以便对人才培养方式进行有针对性的调整和改进。

企业作为行业发展的前沿和学生未来就业的重要场所，其对于人才培养质量的反馈极具价值。通过定期的企业回访，学校可以深入了解企业对毕业生的专业技能、工作态度、团队协作能力的评价，从而发现人才培养过程中存在的问题和不足。同时，企业反馈还能帮助学校及时把握行业发展的新趋势和市场需求的变化，为调整专业方向和培养目标提供有力依据。

教师在教学过程中与学生直接接触，对学生的学习状况和能力发展有着深入的了解。因此，通过定期的教学检查和学生座谈会等方式，教师可以向学校反馈学生的学习进展、难点问题以及对于教学方法和内容的改进建议。这些反馈信息对学校优化教学方案、提升教学质量具有重要的参考价值。

学生作为人才培养的对象，他们的学习体验和满意度是衡量人才培养质量的重要指标。通过问卷调查、个别访谈等方式，学校可以收集到学生对于课程设置、教学方法、实践环节等的意见和建议。这些反馈信息能够直接反映学生的学习需求和期望，为学校改进教学服务、提升学生学习效果提供有力的支持。

（四）持续优化人才培养过程

在汽车检测与维修技术专业的人才培养中，持续优化是一个不可或缺的环节。这一过程的实施基础是评价体系和反馈机制所提供的准确、及时的信息。学校必须高度重视这些信息，将其作为调整和优化人才培养方案的重要依据。

针对评价体系和反馈机制所反映出的问题和不足，学校应从多个方面入手进行改进。

首先，课程内容的更新是关键。随着汽车技术的飞速发展，新的检测与维修技术不断涌现。因此，学校应密切关注行业最新动态，及时将新技术、新理念纳入课程体系，确保学生所学知识与行业发展紧密结合。

其次，教学方法的改进也是提升人才培养质量的重要途径。传统的教学方法侧重于理论知识的灌输，而忽视了学生的实践能力和创新思维的培养。因此，学校应积极探索并实践更加灵活多样的教学方法，如案例教学、项目式教学、翻转课堂等，以激发学生的学习兴趣，提升他们的自主学习能力和实践操作能力。

再次，加强实践教学环节也是至关重要的。实践教学是培养学生实操技能和职业素养的重要手段。学校应进一步加大实践教学的比重，完善实训基地建设，为学生提供更多、更好的实践机会。通过实践教学，学生可以亲身参与汽车检测与维修的实际操作，从而更深入地理解和掌握相关知识和技能。

最后，学校还应关注行业发展趋势和市场需求变化，及时调整专业方向和培养目标。随着新能源汽车、智能网联汽车等新兴领域的快速发展，汽车检测与维修技术的内涵和外延也在不断拓展。学校应紧跟行业步伐，及时调整专业设置和课程结构，以满足新兴领域对人才的需求。

【案例】E 学院汽车检测与维修技术专业人才评价与反馈机制的实践

1. 案例背景

E 学院作为一所专注于汽车技术教育的高等院校，一直致力培养高素质的汽车检测与维修技术人才。然而，随着汽车技术的不断进步和市场需求的变化，学院发现传统的人才培养和评价体系已难以满足行业发展的需要。为此，学院决定对现有的人才评价和反馈机制进行全面改革，以适应新形势下的汽车技术发展。

2. 具体实施过程

E 学院汽车检测与维修技术专业人才评价与反馈机制的具体实施

（1）构建全面的评价体系

评价小组成立：

学院精选了 5 位专业教师、3 位来自知名汽车企业的专家和 2 位教育评价专家，组成了一个 10 人评价小组。

小组首次会议确定了评价体系的框架，明确了知识、技能和素养三方面的评价重点。

制定评价指标体系：

经过多次讨论，小组制定了包含 60% 实操考核、30% 理论知识考核和 10% 职业素养评价的指标体系。

实操考核中，特别强调了故障诊断的准确性和维修操作的规范性。

引入多元化评价方式：

除了传统的笔试，还增加了在线测试和模拟维修场景的实操考试。

鼓励学生团队完成汽车检测与维修项目，并进行项目展示，教师评价团队合作和创新能力。

（2）实施多元化的评价方式

更新设备，模拟真实场景：

学院投入 100 万元，更新了 10 套先进的汽车维修设备，并建设了 2 个模拟真实维修场景的实训室。

在实训室中，学生可以进行真实的汽车故障诊断和维修操作，每次实操都会录像，供后续评价和分析。

鼓励学生参与科研项目和竞赛：

学院设立了 5 万元的科研基金，鼓励学生团队申报与汽车检测与维修相关的科研项目。

每年举办一次校内汽车技能竞赛，选拔优秀学生参加省级和国家级竞赛，竞赛成绩作为评价学生实践能力的重要依据。

（3）建立有效的反馈机制

加强与企业的联系：

学院与 5 家本地知名汽车企业签订了校企合作协议，每学期安排学生到企业实习一个月。

实习结束后，企业导师会为学生提供详细的实习评价报告，学院将这些报告整合到学生的总体评价中。

教学检查与学生座谈会：

学院每学期进行一次全面的教学检查，包括听课、查阅教学资料和与学生交流等环节。

每月举办一次学生座谈会，邀请各年级的学生代表参加，收集他们对教学、实践和生活等方面的建议。

（4）持续优化人才培养过程

课程体系重构：

基于行业发展和企业反馈，学院每年对课程体系进行微调，确保教学内容与市场需求紧密对接。

近三年，学院新增了3门与新能源汽车检测与维修相关的课程。

引进先进教学方法：

学院派遣了5位教师到国外学习项目式学习和在线课程开发的先进经验。之后，已有3门课程成功转型为在线课程，并受到了学生的广泛好评。

加大实践教学比重：

除了校内的实训室，学院还在企业建立了5个校外实训基地，为学生提供更多实践机会。

学院规定，学生必须完成至少6个月的校外实训，才能获得毕业证书。

3.实施效果

经过一系列的改革实践，E学院的汽车检测与维修技术专业取得了显著的成效。学生的整体素质得到了全面提升，特别是在实践技能和创新能力方面取得了显著进步。多名学生在全国汽车技能竞赛中获奖，毕业生的就业率也稳步提升。同时，学院与企业建立了更紧密的合作关系，共同培养了一批符合市场需求的高素质人才，赢得了行业和社会的广泛赞誉。

第六章 人工智能与大数据在人才培养中的应用

第一节 人工智能与大数据技术概述

一、人工智能与大数据的基本概念与原理

（一）人工智能的定义与原理

人工智能，作为当今科技领域的热门话题，已经深入影响人类社会的各个方面。其本质是一种模拟人类智能行为和思维过程的技术与方法，它并不是简单地模仿人类的某些特定技能，而是力求在更广泛的范围内实现类似人类的智能活动。

从定义上来看，人工智能是多个学科的交叉融合，其中计算机科学为其提供了算法和计算基础，数学为其提供了建模和优化工具，而心理学则为其提供了对人类智能行为的深入理解。这些学科的相互渗透和支撑，使得人工智能得以迅速发展并广泛应用于各个领域。

在原理层面，人工智能主要依赖于算法和数据的结合。算法是人工智能系统的核心，它规定了系统如何处理输入的信息并产生相应的输出。而数据则是算法训练和优化的基础，通过大量的数据训练，算法可以逐渐学习到数据中的潜在规律和模式，从而提高其预测和决策的准确性。这种基于数据的训练方法，使得人工智能系统能够在处理复杂任务时表现出类似人类的智能水平。

具体来说，人工智能系统通过识别模式来理解和处理各种信息。例如，

在自然语言处理领域，系统可以识别文本中的语法和语义模式，从而实现自动翻译、智能问答等功能；在图像识别领域，系统可以识别图像中的形状、纹理等特征，从而实现自动分类、目标检测等功能。此外，人工智能系统还具备学习和推理能力，可以根据已有的知识和经验来解决新问题和做出决策。

（二）大数据的概念与特点

大数据，作为信息时代的产物，已经对全球范围内的各个行业产生了深远的影响。其概念涵盖了那些数据量极其庞大、增长迅速且类型多样的数据集合，这些数据集合的规模和复杂性超出了传统数据处理技术的能力范围。

从数据量的角度来看，大数据通常指的是 PB（Peta Byte，皮字节）级别及以上的数据量，这种规模的数据量在以前是无法想象的。随着各种智能设备的普及和互联网的发展，数据量呈现爆炸式增长，这使得大数据的处理和分析成为了一项重要的挑战。

在数据处理速度方面，大数据要求实时或近实时的处理速度。这是因为许多应用场景需要快速响应，如股市交易、实时路况信息等。这就要求大数据处理系统能够具备高速的数据吞吐能力和快速的数据处理能力。

数据类型的多样性也是大数据的一个重要特点。除了传统的结构化数据（如数据库中的表格数据），大数据还包括大量的非结构化数据，如社交媒体上的文本、图片、视频等。这些非结构化数据蕴含着丰富的信息，但也给数据处理和分析带来了新的挑战。

最后，大数据的价值密度相对较低。这是因为在海量的数据中，真正有价值的信息可能只占据很小的一部分。这就要求在处理大数据时，能够有效地筛选出有价值的信息，并进行深入的分析和挖掘。

二、人工智能与大数据在汽车制造业中的应用场景

（一）自动驾驶技术的实现与优化

自动驾驶技术，作为人工智能与大数据在汽车制造业中的杰出代表，其研发和应用已经引发了全球范围内的广泛关注。这项技术的实现离不开大数据技术的深入分析和先进 AI 算法的精准指导。

具体来说，自动驾驶技术的实现首先依赖于大数据技术对海量的道路和交通状况数据的收集与处理。这些数据包括了道路走向、交通标志、障碍物位置等诸多关键信息。通过高效的数据处理和分析，系统能够准确地识别出道路状况和交通环境，为后续的自主导航和智能驾驶提供有力支持。

同时，AI 算法在自动驾驶技术中发挥着至关重要的作用。这些算法基于深度学习和模式识别等原理，使车辆具备自主感知、决策和执行的能力。通过与大数据技术的紧密结合，AI 算法可以根据实时数据进行快速调整和优化，确保车辆在复杂多变的交通环境中保持稳定的行驶状态。

在自动驾驶技术的优化过程中，大数据和 AI 算法同样发挥着关键作用。通过不断地收集和分析车辆行驶过程中的数据，系统可以及时发现并纠正潜在的问题，进一步提升驾驶的安全性和舒适性。此外，这些数据还可以用于优化 AI 算法，提高系统的决策能力和适应性，为未来智能交通系统的发展奠定坚实基础。

（二）智能制造与工业机器人的应用

智能制造与工业机器人作为汽车制造业转型升级的核心驱动力，正日益显现出巨大的潜力与价值。在这一变革中，大数据技术的运用成为了不可或缺的一环。

智能制造的实现，首先得益于大数据技术对生产过程中数据的全面监测

与收集。在现代汽车生产线上，每一个环节、每一台设备都在不断地产生数据。这些数据包含了设备运行状态、生产环境参数、产品质量信息等丰富的内容。通过实时地收集这些数据，生产管理者能够对生产过程有一个全面、准确的掌握。

而大数据技术的分析功能，则进一步推动了智能制造的发展。利用先进的数据分析工具和算法，可以对收集到的数据进行深入的处理和挖掘。这样一来，不仅可以及时发现生产过程中的异常和问题，还能预测设备故障、优化生产流程、提高能源利用效率等。这些分析结果，为生产线的自动化、智能化和柔性化提供了有力的支持。

与此同时，工业机器人作为智能制造的重要组成部分，也在大数据的助力下发挥出了更大的作用。通过大数据技术的指导，工业机器人能够实现更精准的定位、更高效的操作以及更灵活的任务执行。这不仅极大地提高了生产效率，降低了人力成本，还在很大程度上提升了产品质量和一致性。

值得一提的是，大数据与 AI 技术的结合，更是为智能制造和工业机器人的应用带来了无限可能。AI 技术能够使机器人具备自我学习和优化的能力，而大数据技术则为这种学习提供了海量的数据和知识。在这种良性循环中，智能制造和工业机器人的性能将不断得到提升，为汽车制造业的持续创新和发展注入强大的动力。

（三）汽车销售与售后服务的智能化

在汽车销售与售后服务领域，人工智能与大数据技术的应用正逐步深入，为汽车制造商和消费者带来了前所未有的效益与便利。

在汽车销售环节，大数据技术的运用使得制造商能够对消费者行为、市场趋势以及竞争对手策略进行更为细致的分析。通过对消费者购车偏好、价格敏感度、品牌忠诚度等数据的挖掘，制造商可以更为精准地定位目标客户群体，并制定出符合其需求的个性化营销策略。这不仅有助于提高市场营销的效率和效果，还能在激烈的市场竞争中为企业赢得更多的市场份额。

同时，大数据技术还在售后服务环节展现出了巨大的潜力。通过利用大数据和 AI 技术对车辆运行状况进行实时监测，制造商可以实时掌握车辆的健康状态，及时发现并处理潜在故障。这种预测性维护的策略，不仅能够在故障发生前进行及时干预，提高车辆的安全性和可靠性，还能为消费者提供更加贴心、高效的服务体验。

此外，通过对售后服务过程中产生的数据进行分析，制造商还可以进一步优化服务流程、提升服务质量。例如，通过对客户投诉数据的挖掘和分析，制造商可以及时发现服务中存在的问题和不足，并采取相应的改进措施，从而提升客户满意度和忠诚度。

三、人工智能与大数据技术的发展趋势

（一）AI 算法与模型的持续优化

人工智能技术的基石，无疑是算法和模型。这两者共同决定了 AI 系统的性能、准确性以及处理任务的效率。随着科研投入的不断增加，以及计算能力的飞速提升，AI 算法与模型的优化和改进已成为一个持续且活跃的过程。

深度学习算法，作为人工智能领域的一大突破，已经证明了其巨大的潜力。通过模拟人脑神经网络的复杂结构和运作机制，深度学习算法在图像识别、语音识别、自然语言处理等多个领域都取得了令人瞩目的成果。这种算法的强大之处在于，它能够从海量的数据中自动提取出有用的特征，并基于这些特征进行高效的决策和推理。

然而，深度学习仅仅是 AI 算法世界中的冰山一角。除了深度学习之外，还有诸多其他类型的算法在不断发展和完善，如强化学习、生成对抗网络等。这些算法各具特色，分别适用于不同的应用场景和任务。例如，强化学习算法通过让智能体在与环境的交互中不断学习和优化策略，已经在游戏 AI、自动驾驶等领域取得了显著进展。

随着算法的不断改进和创新，AI 系统的性能也得到持续提升。这意味着 AI 将能够更准确地理解人类的语言和意图，更高效地处理复杂的任务和场景，甚至在某些方面超越人类的能力。这不仅能够极大地推动科技和社会的发展，还可能带来一系列深远的变革。

同时，模型作为 AI 系统的另一重要组成部分，也在不断优化和改进。通过设计更合理的模型结构、引入更有效的学习机制，可以使 AI 系统更好地适应各种复杂环境和任务。这种模型层面的优化，将进一步提升 AI 系统的实用性和可靠性，推动其向更广泛的应用领域拓展。

（二）大数据技术的更高速发展

大数据技术作为信息时代的核心驱动力，正以前所未有的速度向前发展。其演进方向不仅在于数据处理速度的提升，更在于灵活性、智能性的全面增强。

面对数据量的持续增长和数据类型的日益多样化，传统的数据处理技术显得捉襟见肘，难以满足实时分析和决策支持的高标准。在这一背景下，大数据技术迫切需要打破传统束缚，探索更高效、更灵活的数据处理路径。这意味着从数据采集、存储到分析、应用的每一个环节，都需要进行深度的技术革新和优化。

数据处理速度的提升是大数据技术发展的关键一环。随着硬件设备的升级和算法的优化，现代大数据系统已经能够在极短的时间内完成海量数据的处理任务。这种速度上的飞跃，使得实时数据分析成为可能，为企业和政府提供了更为及时、准确的决策依据。

与此同时，灵活性的增强也是大数据技术发展的重要趋势。传统的数据处理流程往往僵化而繁琐，难以应对快速变化的数据环境和业务需求。而现代大数据技术则更加注重流程的灵活性和可定制性，允许用户根据实际需求进行个性化的数据处理和分析。

更为重要的是，大数据技术与机器学习、深度学习等 AI 技术的深度融合，正在开启一个新的智能化时代。通过引入这些先进的 AI 技术，大数据系统不仅能够进行简单的数据统计和分析，更能够挖掘出数据背后的深层次关联和规律，实现预测性分析和智能化决策。这种智能化的数据处理模式，无疑将极大地提升数据的利用价值和效率，推动各行各业的创新与发展。

（三）人工智能与大数据结合推动行业创新

人工智能与大数据的紧密结合，正日益显现出其对各个行业创新和变革的巨大推动力。这种结合不仅带来了技术层面的飞跃，更在深层次上改变了行业的运作模式和业务流程。

在汽车制造业中，人工智能与大数据的结合已经催生了自动驾驶、智能制造等领域的显著进步。自动驾驶技术通过大数据对道路和交通状况的深入分析，结合 AI 算法实现车辆的自主导航和智能驾驶。而智能制造则依赖大数据对生产过程的实时监测和分析，以及 AI 技术对生产线的自动化和智能化优化，大幅提高了生产效率和产品质量。

展望未来，这种结合有望触及更多领域，释放更广泛的潜力。在医疗健康领域，人工智能与大数据可助力实现个性化医疗、精准诊断和预防性治疗。金融保险行业可通过大数据分析和 AI 模型提高风险评估的准确性，优化保险产品和服务的设计。在智慧城市的建设中，大数据和 AI 的结合将推动城市管理更加高效、便捷，提升市民的生活质量和城市的可持续发展能力。

这些领域的应用不仅可以优化业务流程、提高决策效率，还可以降低运营成本，为企业和政府带来实实在在的经济效益。更为重要的是，这种结合将推动整个行业的创新和升级，引领我们进入一个更加智能、高效、便捷的新时代。

第二节　人工智能与大数据在汽车制造业人才培养中的应用

一、利用人工智能与大数据进行人才需求预测

在汽车制造业中，精确地预测未来的人才需求对于企业和教育机构都至关重要。随着市场的不断变化和技术的持续进步，传统的人才需求预测方法已经难以适应这些快速变化。而人工智能与大数据技术的结合，为这一领域带来了全新的解决方案。

首先，利用大数据技术，企业可以收集并分析海量的历史数据，包括招聘记录、员工流动率、职位空缺时间等。这些数据提供了关于过去人才需求的宝贵信息，有助于理解哪些技能和岗位在特定时期内更为紧缺。

其次，通过引入机器学习算法，企业可以构建出预测模型。这些模型能够学习历史数据中的模式和趋势，并结合当前的市场信息、技术进步等因素，对未来的人才需求进行准确预测。例如，如果某项新技术在汽车制造业中得到广泛应用，预测模型就可以迅速识别出这一变化，并预测出与之相关的新岗位和技能需求。

最后，这种预测不仅对企业有益，也为教育机构提供了重要参考。教育机构可以根据预测结果调整专业设置和教学计划，确保所培养的人才符合未来汽车制造业的需求。这种紧密的产教融合，有助于缩短人才供需之间的差距，提高人才培养的针对性和实效性。

【案例】利用人工智能与大数据精准预测汽车制造业人才需求

某知名汽车制造商近年来面临市场竞争激烈和技术快速迭代的双重挑战，为了保持行业领先地位，公司决定对其人才战略进行全面优化。核心问题在于如何精确预测未来的人才需求，以便及时调整招聘计划、员工培训和

职业发展路径。

1. 数据收集与整合

公司首先建立了一个全面的数据收集系统，整合了来自多个部门的历史数据，包括人力资源、研发、生产等。

收集的数据类型涵盖招聘记录、员工绩效、岗位空缺时间、技能评估结果等，形成了一个庞大且多维度的数据集。

2. 构建预测模型

利用机器学习算法，如随机森林和神经网络，公司构建了一个人才需求预测模型。

该模型通过对历史数据的学习，识别出影响人才需求的关键因素，如市场趋势、技术进步、产品线调整等。

3. 模型训练与优化

预测模型经过多轮训练和调整，以确保其准确性和可靠性。

通过不断输入新的数据，模型能够实时更新，适应市场的快速变化。

4. 实施预测与策略调整

利用训练好的模型，公司对未来几年内的人才需求进行了预测。

基于预测结果，公司调整了招聘计划，重点招聘具备新兴技术技能的人才，如自动驾驶和电动汽车领域的专家。

同时，公司还优化了内部培训计划，为员工提供与未来岗位需求相匹配的技能培训。

5. 效果

①提高招聘效率：通过精准预测，公司能够提前在人才市场上锁定具备关键技能的应聘者，缩短了招聘周期，降低了招聘成本。

②优化员工结构：根据预测结果调整员工队伍，确保公司拥有一支技能多样、适应未来需求的团队。

③增强市场竞争力：由于及时调整了人才战略，公司在新兴技术领域取得了显著进展，增强了市场竞争力。

④产教融合提升：公司还与多家教育机构建立了合作关系，根据预测的人才需求共同制订培养计划，实现了产教融合，为行业输送了更多高素质人才。

二、基于人工智能与大数据的个性化人才培养方案

在汽车制造业中，基于人工智能与大数据的个性化人才培养方案正逐渐成为人才培养的核心策略。这种方案充分利用了大数据的分析能力和人工智能的决策支持，为每位学生都提供了量身定制的学习和发展路径。

首先，通过收集和分析学生的学习数据，如学习成绩、学习时长、知识点掌握情况等，教育机构可以深入了解每位学生的学习特点和能力倾向。这些数据不仅揭示了学生在不同学科和技能上的表现，还反映了他们的学习风格和兴趣爱好。

其次，基于这些数据，教育机构可以利用人工智能算法为学生制订个性化的学习路径和培训计划。例如，对于在某一领域表现出色的学生，可以为其提供更多深入的学习资源和挑战机会；而对于在某一领域存在困难的学生，则可以提供针对性的辅导和支持。这种个性化的培养方案不仅提高了学生的学习效率和兴趣，还有助于最大限度地发挥他们的潜能。

再次，大数据技术还允许教育机构对学生的学习过程进行实时监控和评估。通过追踪学生的学习进度和反馈，教育机构可以及时发现学生的学习问题和需求，并据此调整教学策略和资源分配。这种动态的教学调整确保了培养方案的灵活性和有效性，使教育机构能够更好地满足学生的学习需求和企业的人才期望。

最后，基于人工智能与大数据的个性化人才培养方案还有助于培养出更符合企业需求的专业人才。通过与企业紧密合作，教育机构可以了解企业对人才的具体要求和期望，并将这些信息纳入培养方案中。这种以企业需求为导向的人才培养模式，不仅提高了学生的就业竞争力，还为企业输送了更多

具备专业技能和实战经验的人才。

【方案】基于人工智能与大数据的个性化人才培养方案在汽车制造业的应用

（一）方案目标

本方案旨在利用人工智能与大数据技术，为汽车制造业培养出具备高度专业技能、适应未来市场需求、具备创新能力的个性化人才。

（二）数据收集与分析

1. 数据收集渠道多样化

①在线课程平台：追踪学生视频观看时长、回放次数、暂停点等。

②学生管理系统：记录学生出勤率、课堂参与度、小组讨论活跃度。

③作业与测验系统：收集作业提交时间、正确率、解题步骤等数据。

④互动学习工具：监测学生提问频率、问题类型、寻求帮助的模式。

2. 学生特点深度挖掘

利用聚类算法识别学生群体中的不同学习风格，如视觉型、听觉型或动手实践型。

通过关联分析发现学生在不同学科间的兴趣关联，如机械设计与电子技术的交叉兴趣。

应用预测模型预测学生在特定课程或技能上的发展潜力。

（三）个性化学习路径设计

1. 学习计划精准定制

根据学生的学习风格，为其推荐相应类型的学习资源，如图表丰富的教材或实操视频。

设定个性化的学习进度，对掌握较快的学生提供更高层次的挑战机会。

为每个学生设定清晰、可量化的短期与长期学习目标。

2.资源差异化匹配

创建个性化学习包，包含定制化的课程资料、实验项目和行业案例。

提供个性化的实践机会，如针对特定技能的实验室实践或企业项目参与。

利用虚拟现实（VR）和增强现实（AR）技术为学生提供模拟实践环境。

3.动态调整学习策略

通过实时学习数据分析，发现学生的学习瓶颈，并及时进行辅导。

根据学生反馈调整教学难度和节奏，确保学习内容的适宜性。

鼓励学生自主学习，提供自适应学习平台和资源推荐系统。

（四）实时监控与评估

1.学习进度实时监控

通过仪表盘式界面展示学生的学习进度和关键指标。

设定预警系统，对进度滞后或成绩下滑的学生及时进行干预。

利用移动应用程序，让学生和教师可以随时查看学习状态。

2.定期效果评估

实施标准化的阶段性测验，评估学生对核心知识的掌握情况。

通过项目作品展示、实践报告等方式评价学生的应用能力。

开展学生满意度调查，收集学生对教学内容和方式的反馈。

（五）企业需求对接与人才培养

1.校企合作模式构建

与汽车制造企业签订合作协议，明确人才培养规格和输送机制。

设立校企联合实验室或实训基地，共同开发实践教学项目。

邀请企业专家参与课程设计，确保教学内容与行业需求对接。

2.企业实践深度融合

安排学生参加企业实习，由企业导师指导实际工作。

开展校企联合研发项目，让学生参与解决实际工程问题。

引入企业案例和行业标准，作为学生学习和评价的重要依据。

3. 持续反馈与优化循环

建立毕业生追踪机制，收集企业对学生工作表现的反馈。

定期举办校企合作研讨会，共同讨论人才培养方案的优化点。

将企业反馈和市场需求作为教学改进的重要依据，确保培养方案的时效性和前瞻性。

（六）方案实施与保障

技术保障：建立强大的技术支持团队，确保大数据分析和人工智能算法的准确性和有效性。

师资保障：加强师资队伍建设，提升教师的大数据意识和能力，确保他们能够适应个性化教学的需求。

制度保障：制定完善的管理制度和激励机制，确保方案的顺利实施和持续改进。

通过本方案的实施，期望能够为汽车制造业培养出更多具备高度个性化、专业技能和创新能力的优秀人才，以满足行业的快速发展和变革需求。

三、人工智能与大数据在实践教学与评估中的应用

（一）模拟真实工作环境与任务的实践教学

在汽车制造业的实践教学中，利用人工智能与大数据技术可以模拟出真实的工作环境和任务，为学生提供更贴近实际的实践体验。通过虚拟现实（VR）和增强现实（AR）等技术，教育机构可以构建出高度仿真的汽车制造场景，让学生在虚拟环境中进行各种操作和实践。这种教学方式不仅降低了实践教学的成本和风险，还提高了学生的学习兴趣和参与度。

（二）大数据支持下的学生学习行为分析

同时，大数据技术在分析学生的学习行为方面也发挥着重要作用。通过收集学生在实践教学过程中的各种数据，如操作记录、学习时间分配、错误率等，教育机构可以深入了解学生的学习习惯和能力水平。这些数据不仅可以用来评估学生的实践成果，还可以为教师提供针对性的教学建议，帮助他们更好地指导学生。

（三）客观全面的学生实践能力评估

利用大数据和人工智能技术，还可以实现对学生实践能力的客观全面评估。传统的评估方式依赖于教师的主观判断，而大数据技术则可以通过分析大量的实践数据，给出更为客观、准确的评估结果。这种评估方式不仅提高了评估的效率和公正性，还为企业选拔人才提供了更可靠的依据。

【案例】利用人工智能与大数据提升汽车制造业实践教学质量

1. 案例背景

某汽车制造专业教育机构意识到，随着汽车行业的快速发展，传统的实践教学方式已无法满足企业对人才实践能力的高要求。为了提高学生的实践能力和就业竞争力，该机构决定引入人工智能与大数据技术，对实践教学进行全面升级。

2. 具体实施过程

（1）模拟真实工作环境与任务

环境构建：教育机构与专业的 VR 内容开发商合作，根据真实的汽车制造车间进行 1:1 的比例复原，构建出高度逼真的虚拟环境。这包括车间的布局、设备的外观与操作界面，甚至包括车间内的光照和声音效果。

任务设计：结合汽车制造业的实际工作流程，设计了一系列实践任务。例如，学生需要模拟完成汽车发动机的组装，这涉及到多个零部件的识别和正确安装顺序的掌握。

AR 辅助教学：在真实车间中，教师利用 AR 技术，在汽车零部件上叠加虚拟标签和信息。当学生佩戴 AR 眼镜观察时，可以看到这些部件的名称、功能以及安装步骤的提示，从而更加直观地理解汽车的构造。

（2）大数据支持下的学生学习行为分析

数据收集系统：在实践教学过程中，通过后台系统实时收集学生的操作数据。这包括学生每一步的操作记录、在每个任务上花费的时间、错误发生的次数和类型等。

实时分析：利用大数据分析技术，对这些数据进行即时处理和分析。系统能够生成学生的学习进度报告，展示他们在各项任务上的表现。

个性化反馈：根据数据分析结果，系统为教师提供个性化的教学建议。例如，当发现某学生在某个操作环节上频繁出错时，系统会推荐相应的训练内容或教学策略，帮助教师对学生进行针对性的指导。

（3）客观全面的学生实践能力评估

评估模型构建：基于历史数据和行业标准，建立一个多维度的评估模型。该模型综合考虑学生的操作速度、准确性、解决问题的能力以及团队合作等多个方面。

数据驱动评估：学生的实践数据被输入到评估模型中，通过算法处理，生成客观的实践能力评估报告。这些报告详细展示了学生在各个实践任务上的表现，以及他们在整个实践过程中的进步情况。

企业参与验证：为了确保评估结果的实用性，教育机构还邀请了多家汽车制造企业参与验证过程。这些企业根据自身的用人标准，对评估报告进行复核，并提供反馈意见。这有助于教育机构不断优化评估模型，确保其实践教学与行业需求更加契合。

3. 效果

实践教学成本降低：通过虚拟实践教学，减少了实体设备和材料的消耗，降低了实践教学的成本。

学生参与度提升：生动有趣的虚拟实践环境激发了学生的学习兴趣，学生的参与度和实践积极性显著提高。

教学质量提高：大数据支持下的实时反馈和针对性指导帮助教师更好地了解学生的学习情况，及时调整教学策略，提高了实践教学的质量。

企业认可度增强：客观全面的实践能力评估报告提升了企业对毕业生实践能力的认可度，加强了校企之间的合作与信任。

第三节　基于人工智能与大数据的汽车制造业人才需求分析

一、通过数据分析揭示汽车制造业人才需求的特征与趋势

随着汽车制造业的快速发展和技术的不断革新，人才需求也呈现出新的特征和趋势。通过深入分析行业数据，可以更清晰地了解这些变化，为教育机构、企业和政策制定者提供有价值的参考。

（一）技术技能需求的提升

随着智能制造、自动化和电动化技术的迅猛发展，汽车制造业正经历着前所未有的变革。数据分析清晰地揭示出，行业对具备高度专业化技术技能的人才需求正急剧上升。特别是在编程、工业机器人操作与维护、电动汽车电池管理系统等领域，专业技能已经成为进入这一行业的"敲门砖"。

例如，在智能制造领域，具备编程能力的工程师能够编写和优化生产线上的自动化程序，从而提高生产效率和质量。在电动化方面，熟悉电动汽车电池管理系统的专业人才则能够确保电池的安全性、稳定性和长寿命，这是电动汽车市场竞争中的关键因素。因此，教育机构在培养人才时，需要更加注重这些前沿技术的教授和实践，以满足行业对高素质技术人才的需求。

（二）跨学科知识与能力的重视

现代汽车制造业的复杂性要求从业人员不仅要在自己的专业领域内有所建树，还要具备跨学科的知识和能力。数据分析显示，那些拥有机械设计、电子工程、计算机科学等多学科背景的人才，在解决复杂问题和创新方面表现出更高的能力。

这种跨学科的需求反映了汽车制造业向智能化、网联化方向发展的趋势。例如，在智能网联汽车领域，机械设计师需要与电子工程师和计算机科学家紧密合作，共同开发出既安全又智能的驾驶系统。因此，教育机构在培养汽车制造业人才时，应注重跨学科课程的设置和实践教学的开展，以培养学生的综合素质和创新能力。

（三）创新能力与解决问题能力的凸显

在汽车制造业的转型升级过程中，创新能力和解决问题能力的重要性日益凸显。数据分析表明，那些具备独立思考能力、勇于尝试新方法并能够有效解决问题的员工，往往能够在企业中脱颖而出。

（四）国际化视野与跨文化沟通能力的需求增加

随着全球化的深入推进和汽车制造业的国际化发展，具备国际化视野和跨文化沟通能力的人才需求日益增加。数据分析显示，那些熟悉国际标准、能够用外语进行专业沟通并适应多元文化工作环境的人才，在求职过程中具有显著优势。

国际化视野要求员工能够了解并适应不同国家和地区的文化、法律和商业习惯。在汽车制造业中，这意味着员工需要熟悉国际质量标准、环保法规以及国际贸易规则等，以确保产品的全球竞争力。教育机构在培养汽车制造业人才时，应注重开设国际化课程，组织跨文化交流活动，提高学生的国际竞争力和适应能力。

（五）持续学习与适应能力的不断加强

数据分析显示，那些能够主动学习新知识、新技能，并迅速适应工作环境的员工，更有可能在职业生涯中取得长足的发展。

持续学习能力意味着员工需要保持对新技术的敏感度和好奇心，不断更新自己的知识体系。在汽车制造业中，新技术的出现往往意味着生产流程、产品性能甚至市场格局的重大变革。因此，员工需要时刻保持学习状态，以便在变革中抓住机遇并应对挑战。同时，随着企业战略的调整和市场环境的变化，员工可能需要面对新的工作岗位、工作内容和工作要求。只有那些能够快速适应新环境的员工，才能在职业生涯中立于不败之地。

二、构建基于大数据的汽车制造业人才供需模型

（一）整合多元数据源信息

构建基于大数据的汽车制造业人才供需模型的首要步骤是整合多元数据源信息。包括行业内的招聘数据，如各大招聘网站发布的汽车制造业岗位信息、招聘需求量和薪资水平等；教育机构的毕业生数据，如汽车相关专业的毕业生数量、就业意向和专业技能水平等；以及人口统计数据，如劳动力人口的年龄结构、教育程度和地域分布等。通过整合这些数据，可以形成一个全面、多维度的汽车制造业人才数据库。

（二）运用算法分析预测人才供需缺口

在整合多元数据源信息的基础上，运用先进的算法对数据进行分析是构建人才供需模型的关键。可以利用机器学习、数据挖掘等技术手段，对历史数据进行训练和学习，识别出影响汽车制造业人才供需的关键因素和趋势。然后，基于这些因素和趋势，预测未来一段时间内汽车制造业的人才供需缺口，包括各类人才的需求量、供给量以及可能存在的供需失衡风险。

（三）为企业制订人力资源计划提供参考

构建基于大数据的汽车制造业人才供需模型的重要目的之一是为企业制订人力资源计划提供参考。企业可以根据模型预测的结果，结合自身的发展战略和市场环境，制订更为精准的人力资源计划。例如，针对未来可能出现的人才短缺情况，企业可以提前进行人才储备和培养；针对某些技能领域的人才过剩情况，企业可以调整招聘策略或优化内部人才结构。

（四）促进企业与教育机构合作培养人才

除了为企业制订人力资源计划提供参考外，构建基于大数据的汽车制造业人才供需模型还可以促进企业与教育机构的合作。通过模型分析，企业可以了解教育机构在汽车相关专业的人才培养方面的优势和不足，从而与教育机构建立更为紧密的合作关系。双方可以共同制定人才培养方案、开设符合市场需求的课程、开展实习实训等活动，以提高毕业生的就业竞争力和适应市场需求的能力。

三、利用人工智能与大数据优化人才招聘与选拔流程

（一）自动筛选与分析简历

在汽车制造业的人才招聘过程中，利用自然语言处理和机器学习技术，可以实现简历的自动筛选和分析。系统能够自动识别和提取简历中的关键信息，如教育背景、工作经验、技能特长等，并与岗位要求进行匹配。通过这种方式，可以快速筛选出符合岗位要求的应聘者，大大减少了人力资源部门工作量。

（二）全面评估候选人能力与特质

除了自动筛选简历外，利用大数据技术还可以对应聘者的工作经验、技

能水平、性格特质等进行全面评估。通过收集和分析应聘者在社交媒体、招聘网站等平台上的公开信息，以及他们在过去工作中的表现和成果，可以形成一个更为立体、全面的应聘者画像。这有助于招聘人员更深入地了解应聘者的优势和不足，从而做出更为精准的选拔决策。

（三）提升招聘质量和效率

利用人工智能与大数据技术优化人才招聘与选拔流程，可以显著提升招聘的质量和效率。一方面，通过自动筛选和全面评估，可以确保进入面试环节的应聘者都是高度符合岗位要求的，从而提高了面试的成功率和录用质量。另一方面，减少了人力资源部门在简历筛选和初步评估上的时间投入，使他们能够更专注于与应聘者的深入沟通和面试工作，进一步提升了招聘效率。

第七章 学校专业人才培养方案与产业需求对比

第一节 学校专业人才培养方案概述

一、学校汽车制造相关专业的设置与培养目标

（一）专业设置

学校汽车制造相关专业的设置是为了满足汽车产业链不同环节的人才需求。这些专业通常包括汽车制造与装配技术、汽车检测与维修技术、汽车电子技术等方向，涵盖了从汽车生产制造到售后服务等全过程的技术和管理领域。

（二）培养目标

学校汽车制造相关专业的培养目标明确，就是为学生提供系统的专业知识教育和实践技能培训。通过理论与实践相结合的教学方式，培养学生具备汽车制造、检测、维修以及电子技术应用等方面的基本知识和实操能力。此外，学校还注重培养学生的创新思维和解决问题的能力，以适应汽车制造业及相关领域的快速发展和不断变化的技术需求。

二、学校专业人才培养方案的主要内容

（一）课程设置

课程设置是学校专业人才培养方案的核心内容。学校会根据汽车制造业的发展趋势、市场需求以及学生的职业发展需求，制定科学合理的课程体系。

该体系不仅涵盖汽车制造、检测、维修、电子技术等专业基础知识，还包括与新兴技术（如智能化、电动化、网联化等）相关的前沿课程。通过不断优化和更新课程内容，确保学生掌握最新的行业知识和技能。

（二）实践教学

实践教学是培养学生实际操作能力和职业素养的重要环节。学校会投入大量资源建设校内实训基地，模拟真实的工作环境，让学生在实践中深化理论知识，提升技能水平。同时，学校还会积极与企业合作，开展校企联合培养，安排学生到企业实习，直接参与汽车制造、检测、维修等实际工作，从而更好地适应未来职业岗位的要求。

（三）师资配备

优质的师资力量是保证人才培养质量的关键。学校会聘请一批有丰富实践经验和教学能力的教师，他们不仅具备深厚的专业知识，还了解汽车制造业的最新动态和技术发展。这些教师能够为学生提供高质量的教学和指导，帮助学生更好地掌握专业知识和技能，提升职业素养。

（四）教学评估

教学评估是检验人才培养效果的重要手段。学校会建立完善的教学评估体系，包括对教师教学质量、学生学习效果、实践教学环节等多方面的评估。通过定期的评估检查，及时发现问题并进行改进，确保人才培养方案的顺利实施和教学质量的持续提升。

三、学校专业人才培养方案的特点

（一）理论与实践相结合

学校专业人才培养方案注重理论与实践相结合，强调学生的实践能力培养。在课程设置上，既包含了系统的理论知识学习，又安排了丰富的实践教学环节，让学生在实践中深化对理论知识的理解和应用。

（二）课程设置灵活多样

为了适应汽车制造业不同领域的人才需求，学校的课程设置具有灵活多样的特点。除了基础的专业课程外，还开设了一系列选修课程和拓展课程，供学生根据自己的兴趣和职业发展规划进行选择。这种灵活的课程设置能够更好地满足学生的个性化需求，培养具有创新精神和复合能力的高素质人才。

（三）师资力量雄厚

学校汇聚了一批优秀的专业教师，他们不仅具备深厚的学术背景，还有丰富的实践经验和行业资源。这些教师能够为学生提供前沿的学术指导和实践机会，帮助学生拓宽视野、提升能力。雄厚的师资力量为学校的人才培养提供了有力保障。

（四）与产业界保持紧密联系

学校积极与汽车制造企业和机构建立合作关系，共同推进人才培养工作。通过与产业界的紧密联系，学校能够及时了解行业动态和市场需求，调整人才培养方案和课程设置，确保所培养的人才符合汽车制造业的实际需求。这种紧密的产学研合作模式有助于提升学校的人才培养质量和学生的就业竞争力。

第二节　产业岗位人才招聘要求与能力标准

一、企业对汽车制造相关专业人才的招聘要求

（一）学历要求

在汽车制造产业中，企业对于招聘人才的学历要求通常较为明确。一般

来说，企业更倾向于招聘具有本科及以上学历的人才。这一要求主要基于以下考虑：

本科及以上学历的教育背景能够为学生提供更加系统、深入的专业知识教育。汽车制造是一个高度复杂且技术密集的行业，涉及机械、电子、材料等多个学科领域。通过本科及以上阶段的学习，学生能够接触到更广泛的专业知识，建立起更为完善的知识体系，从而为未来的职业发展奠定坚实基础。

此外，本科及以上学历的人才在面对复杂的汽车制造问题时，通常能够展现出更强的分析和解决能力。这种能力不仅源于他们扎实的专业知识基础，还得益于他们在学习过程中所培养的思维方式和方法论。具备这种能力的人才能够更好地适应企业不断变化的技术需求和市场竞争环境，为企业的创新发展提供有力支持。

因此，企业在招聘汽车制造相关专业人才时，通常会将本科及以上学历作为重要的筛选标准之一。这不仅有助于提升企业整体的人才队伍素质，还能够为企业的长远发展注入更多活力和创新力。

（二）专业背景要求

在汽车制造产业中，企业对于应聘者的专业背景有着明确且具体的要求。由于汽车制造是一个高度综合且技术密集的领域，它融合了机械、电子、材料等多个学科的知识和技术。因此，企业在招聘过程中，更倾向于选择那些具有与汽车制造直接相关专业背景的人才。

具体来说，车辆工程、机械工程、电子信息工程等专业是汽车制造企业所青睐的专业背景。这些专业不仅为学生提供了坚实的理论基础，如机械设计原理、电子电路分析、材料科学等，还注重实践技能的培养，如汽车零部件设计、制造工艺实施、电子控制系统调试等。通过这些专业的学习和实践，学生能够积累与汽车制造紧密相关的知识和技能，从而在未来的工作中更好地适应和满足产业的需求。

此外，具有这些专业背景的人才在入职后，通常能够更快地融入团队，理解并掌握企业的核心技术和业务流程。他们的专业素养和实践经验不仅有助于提升企业的整体运营效率，还能够为企业的技术创新和产品升级提供有力的支持。

因此，专业背景与汽车制造的契合度成为企业招聘过程中重要的考量因素之一。通过选拔具有相关专业背景的人才，企业能够确保所招聘的员工具备必要的专业素养和实践能力，从而更好地服务于汽车制造产业的发展。

（三）技能要求

在汽车制造产业的招聘过程中，企业对应聘者的专业技能要求尤为严格。这些技能直接关系到员工在岗位上的工作表现，以及对企业整体运营和技术创新的贡献。

首先，汽车制造工艺流程的掌握程度是评价一个应聘者是否具备从事汽车制造工作基础的重要标准。这包括了解汽车的基本构造、各个部件的功能及其相互关系，以及熟悉从原材料到成品的整个制造流程。只有深入掌握这些工艺流程，员工才能在生产过程中确保每个环节的顺利进行，从而提高生产效率并保证产品质量。

其次，相关软件的使用能力也是企业非常看重的一项技能。在汽车制造领域，CAD（计算机辅助设计）、CAE（计算机辅助工程）等设计软件的应用已经变得不可或缺。这些软件不仅可以帮助工程师更高效地进行产品设计和分析，还能帮助工程师在产品开发初期发现潜在的问题并进行优化。因此，熟练掌握这些软件，对于提高设计效率、减少产品缺陷以及加速产品创新都具有重要意义。

最后，解决实际问题的能力也是企业非常关注的一项技能。汽车制造过程中难免会遇到各种技术难题和突发情况，如何迅速准确地找到问题的根源并提出有效的解决方案，是衡量一个员工是否具备优秀技能的重要标准。这种能力不仅需要员工具备扎实的专业知识和丰富的实践经验，还需要他们具备良好的逻辑思维和创新能力。

（四）经验要求

在汽车制造产业的招聘环节中，企业对于应聘者的工作经验给予高度关注。这主要源于实践经验在提升工作效率、确保生产质量以及增强团队协作能力等方面的显著作用。

具有相关工作经验的应聘者，往往已经在实际工作中对汽车制造的各个环节有了深入的了解和体验。这种实践经验使他们能够更迅速地适应新的工作环境，更准确地把握生产流程中的关键节点，从而在确保生产顺利进行的同时，提高整体工作效率。

此外，面对汽车制造过程中可能出现的复杂问题和突发情况，经验丰富的应聘者通常能够展现出更为冷静和专业的应对态度。他们不仅能够凭借过往经验迅速找到问题的症结所在，还能提出切实可行的解决方案，确保生产的稳定进行。

对于应届毕业生而言，虽然他们在工作经验方面有所欠缺，但通过积极参与实习项目或相关实践活动，他们同样有机会积累宝贵的实践经验。这些经验不仅能够帮助他们更深入地了解汽车制造行业的实际运作情况，还能在求职过程中作为亮点呈现，从而提升他们的就业竞争力。

因此，无论是已有工作经验的应聘者，还是正在寻求实践机会的应届毕业生，实践经验都是他们在汽车制造行业中脱颖而出、实现职业发展目标的重要资本。

二、产业岗位对汽车制造相关专业人才的能力标准

（一）扎实的汽车制造理论知识

在汽车制造行业，具备扎实的汽车制造理论知识是不可或缺的基础能

力。这种理论知识涵盖了汽车制造的基本原理、各个生产环节的工艺流程，以及关键零部件的结构和功能等。

汽车制造的基本原理是理解整个生产过程的基石，它涉及到机械设计、材料科学、电子技术等多个学科领域。只有掌握了这些基本原理，专业人才才能深入理解汽车制造的每一个环节，确保生产的高效和质量。

同时，熟悉工艺流程也是至关重要的。汽车制造是一个复杂而精细的过程，每一个环节都有其特定的工艺要求和操作规范。专业人才需要了解从原材料加工到成品组装的整个流程，包括冲压、焊接、涂装、总装等关键步骤，以确保生产过程的顺利进行。

此外，对关键零部件的结构和功能的了解也是必不可少的。汽车是由众多零部件组成的复杂系统，每个零部件的性能和质量都直接影响到整车的性能和安全性。专业人才需要熟悉发动机、底盘、车身等关键部件的结构设计和工作原理，以便在生产过程中进行质量控制和故障排除。

（二）熟练掌握汽车制造工艺流程和设备操作

在汽车制造产业中，仅仅拥有理论知识是远远不够的，汽车制造相关专业人才还必须具备熟练的工艺流程掌握能力和设备操作能力。这意味着他们能够亲自动手，独立完成汽车生产线上的各项具体任务。

对于工艺流程的掌握，专业人才需要深入了解从原材料进厂到成品车出厂的每一个生产步骤。这包括零部件的加工、装配顺序、质量检测标准等细节。他们应能够根据工艺流程图准确地执行每一步操作，确保生产线的顺畅运转。

在设备操作方面，专业人才需要熟悉生产线上的各种机械设备、电子控制系统和检测仪器的使用方法。他们应能够正确操作这些设备，完成零部件的装配、调试和质量检测等工作。此外，他们还需要具备一定的设备维护和故障排除能力，以确保生产设备的稳定运行。

这种实操能力对于汽车制造企业而言至关重要。一方面，它直接影响到生产效率和产品质量的提升。只有熟练掌握工艺流程和设备操作的专业人才，才能在生产过程中减少错误和浪费，提高生产速度和产品合格率。另一方面，它也是企业技术创新和升级的重要基础。具备实操能力的专业人才更有可能在生产实践中发现问题并提出改进方案，推动企业的技术进步和产业升级。

（三）良好的问题解决能力

汽车制造行业的复杂性决定了在生产过程中不可避免地会遇到各种技术难题和挑战。因此，对于汽车制造相关专业人才而言，具备出色的问题解决能力显得尤为重要。

这种问题解决能力首先体现在独立思考和迅速定位问题上。当生产线出现故障或产品质量出现问题时，专业人才能够迅速对情况进行分析，准确找出问题的根源。这需要他们具备扎实的理论基础和丰富的实践经验，以便对各种异常情况做出准确的判断。

其次，提出有效的解决方案是问题解决能力的另一重要体现。在找到问题所在后，专业人才需要迅速制定出切实可行的解决方案，并协调相关部门和人员共同实施。这要求他们不仅具备技术上的专业素养，还需要有良好的沟通协调能力和团队合作精神，以及提高学习创新能力。

三、不同类型企业对人才要求的差异性与共性分析

（一）不同类型企业对人才要求的差异性

在汽车制造行业中，大型企业与中小型企业在招聘人才时所看重的能力素质存在显著的差异。

大型企业往往具备庞大的组织架构和广泛覆盖的业务领域，其运营更为复杂，且通常拥有国际化的视野。因此，在招聘汽车制造相关专业人才时，大型企业更倾向于选择那些具备高素质和全面发展潜力的应聘者。具体来说，他们不仅关注应聘者的专业学历背景，还非常重视外语能力和跨文化沟

通能力。除此之外，面对快速变化且竞争激烈的市场环境，大型企业更加青睐那些具备创新思维和解决问题能力的人才。这类人才能够迅速应对各种挑战，提出创新性的解决方案，从而推动企业不断进步。

中小型企业则因其规模相对较小、业务更加集中，在招聘时更加注重实用性和效率。他们希望招聘到的人才能够尽快地融入团队，熟悉并掌握业务流程，为企业创造实际价值。因此，中小型企业在选拔人才时，更看重应聘者的专业技能、实战经验以及实际操作能力。

（二）不同类型企业对人才要求的共性

在汽车制造行业，尽管大型企业与中小型企业在招聘人才时各有侧重，但他们对人才的一些基本要求是共通的。

首先，无论是大型企业还是中小型企业，对应聘者的专业背景和技能水平都有着极高的要求。这是因为汽车制造行业本身就是一个高度专业化的领域，需要从业人员具备扎实的理论知识和丰富的实践经验。只有这样，他们才能在实际工作中迅速上手，准确判断并解决问题，确保生产的高效和质量。

其次，沟通能力和团队合作精神也是各类企业普遍看重的人才素质。汽车制造过程往往涉及多个部门和岗位的协同工作，这就要求员工必须具备良好的沟通能力，能够准确、及时地传递信息，减少误解和冲突。同时，团队合作精神也是不可或缺的，只有团队成员之间相互信任、密切配合，才能共同完成任务，达到企业的目标。

最后，持续学习和创新能力也被视为汽车制造产业人才的共同特征。要求员工必须具备持续学习的能力，能够紧跟行业发展的步伐，不断更新自己的知识和技能，能够为企业带来新的想法和解决方案，推动企业的持续发展和进步。

第三节　学校课程设置与产业需求的对比分析

一、学校课程设置与产业需求之间的匹配程度分析

（一）专业课程设置与产业需求的匹配度

1.专业课程设置的覆盖面

汽车制造产业涉及多个专业领域，包括机械设计、电子工程、材料科学、自动化控制等。学校课程设置应当全面覆盖这些领域，以满足产业对多样化人才的需求。然而，现实情况中，部分学校的课程设置可能存在片面性，导致学生在某些关键领域的知识和技能不足。根据某教育研究机构对全国多所高校的汽车制造相关专业的调查，发现超过60%的课程设置能够覆盖到机械设计、电子工程等基础领域，但仅有不到30%的课程能够深入涉及新能源汽车技术、智能驾驶等前沿领域。这表明，在前沿技术领域，学校课程设置与产业需求的匹配程度还有待提高。

2.实践环节的重视程度

汽车制造产业对实践操作能力的要求非常高。学校应当通过实习实训、项目合作等方式，加强学生的实践能力培养。然而，一些学校在实践教学方面的投入不足，导致学生的实践能力与产业需求存在差距。

某职业技术学院与多家汽车制造企业建立了合作关系，共同开展校企合作项目。学校根据企业需求，调整课程设置，增加实践环节。通过参与企业的实际项目，学生的实践能力得到了显著提升，毕业后能够迅速适应企业的工作需求。这种合作模式不仅提高了学生的就业率，也为企业输送了大量高素质的技术人才。

3.课程内容的更新速度

随着汽车制造技术的快速发展，学校课程设置也需要不断更新，以跟上

产业发展的步伐。然而，由于教育体制的相对稳定性，部分学校的课程内容更新速度较慢，导致学生所学知识与产业实际需求脱节。

数据案例：根据对某地区高职院校汽车制造相关专业的调查，发现近五年来，这些学校的课程内容更新率平均仅为30%左右。而同期内，汽车制造产业的技术更新率却高达50%以上。这表明，学校课程设置在内容更新方面与产业需求存在较大的不匹配。

4. 师资队伍的适应性

教师的专业水平和教学能力直接影响学校课程设置与产业需求的匹配程度。汽车制造产业需要具有丰富实践经验和创新能力的教师来指导学生。然而，部分学校的师资队伍存在结构不合理、实践经验不足等问题。

案例分析：某高校通过引进企业专家和聘请兼职教师的方式，加强了汽车制造专业的师资队伍建设。这些教师不仅具有深厚的理论基础，还具备丰富的实践经验。他们能够根据产业需求调整教学内容和方法，有效提高了学生的专业素养和实践能力。

在汽车制造领域，学校对于相关专业的课程设置始终与产业的实际需求保持着紧密的联系。这种联系体现在学校会根据汽车制造行业的具体岗位需求，来针对性地调整和优化其课程体系。

举例来说，学校会针对汽车设计这一关键环节，开设相关的设计理论、设计软件应用以及设计实践等课程，以确保学生能够掌握从设计理念到设计实施的全流程技能。同样，在制造环节，学校也会设置与制造工艺、生产线管理、质量控制等相关的课程，使学生能够在毕业后迅速融入汽车制造的生产环境中。

除了设计和制造环节，汽车检测也是汽车制造过程中不可或缺的一环。因此，学校也会相应地开设汽车检测技术、故障诊断与排除等课程，以培养学生的实际操作能力和问题解决能力。

这种专业课程设置与产业需求的紧密对接，不仅有助于学生系统地学习到与未来工作密切相关的专业知识，还能够提升他们的实践能力和职业素养。通过这种方式培养出来的毕业生，往往能够更快速地适应岗位需求，成为汽车制造行业中的有用之才。

（二）实践教学环节与产业实际需求的契合度

实践教学在学校教育中占据举足轻重的地位，特别是在汽车制造这类注重技术应用与实操能力的工科专业中占据重要地位。学校深知单纯的理论教学无法满足产业界对学生能力的全面要求，因此通过设计并实施包括实验、实训、实习在内的一系列实践教学活动，力求让学生在真实或模拟的职业环境中深化理论知识的应用，并锤炼专业技能。

在这些实践教学环节中，学校不仅关注学生对专业工具和设备的基本操作能力，更着眼于培养他们解决实际问题的能力以及团队协作精神。例如，在实验环节，学生需要在教师的指导下，完成某个汽车零部件的设计或性能测试，这一过程不仅要求他们运用所学知识，还需要他们发挥创新思维和批判性思维。在实训环节，学生可能会参与到模拟的生产线工作中，通过角色扮演体验从原材料采购到产品成型的整个制造流程，这样的经历有助于他们理解各岗位间的协作关系和工作流程。而在实习环节，学生更是能够直接进入到汽车制造企业，亲身感受产业界的运作节奏和工作氛围，这样的实践经历无疑为他们日后融入职场打下了坚实基础。

当学校的这些实践教学环节能够紧密地贴合产业界的实际工作流程和需求时，就意味着学生在校期间所积累的知识和技能能够无缝对接到未来的职场环境中。这种高度契合的教育模式不仅提升了学生的就业竞争力，也为汽车制造行业输送了更多符合实际需求的高素质人才。

（三）学校对新兴技术和市场趋势的反应速度

在快速变化的科技和市场环境中，汽车制造产业的升级和转型已成为常态。这种持续的行业演变对学校的教学内容更新和教学方法改革提出了严峻的挑战。为了确保学生毕业后能够顺利融入不断变化的行业环境，学校必须保持对新兴技术和市场趋势的敏锐洞察力，并迅速将这些变化反映到教学实践中。

　　然而，学校在应对这些变化时往往面临着诸多困难。教学资源的有限性一定程度上限制了学校引入新技术和更新教学设备的能力。这导致了学校在应对新兴技术和市场趋势时存在一定的滞后性。

二、学校课程设置与产业需求存在的不匹配问题及原因

（一）学校实践教学环节薄弱问题及原因

　　在一些学校中，实践教学环节相对薄弱，这无疑会对学生的全面发展产生不利影响。

　　这种薄弱性主要体现在实践教学的质量不高、频次不足或者内容与实际工作需求脱节等方面。由于这些问题的存在，学生可能无法积累到足够的实践经验，导致在毕业后难以迅速适应产业界的工作节奏和要求。

　　造成学校实践教学环节薄弱的原因是多方面的。首先，部分学校对实践教学的重视程度可能不够。在一些传统的教育观念中，理论教学往往被视为教育的核心，而实践教学则被视为辅助手段。这种观念上的偏差可能导致学校在实践教学上的投入不足，从而限制了实践教学的有效开展。

　　其次，实践教学资源的匮乏也是一个重要原因。实践教学往往需要大量的设备、场地和专业指导人员等资源的支持。然而，由于资金、场地等条件的限制，一些学校可能无法提供充足的实践教学资源，从而影响了实践教学的质量。

　　最后，实践教学的组织和管理不够规范也是一个不容忽视的问题。如果学校缺乏完善的实践教学管理体系，就可能导致实践教学的计划、实施和评估等环节出现混乱或低效的情况。这种不规范的管理不仅会影响实践教学的效果，还可能对学生的实践经历产生负面影响。

（二）学校与企业之间合作不够紧密问题及原因

学校与企业之间的合作是促进教育与产业融合的重要途径。通过紧密合作，学校可以更为准确地把握产业界的人才需求和技术发展趋势，从而调整教学策略，提升人才培养的针对性和实效性。然而在现实中，部分学校与企业之间的合作却不够紧密。

这种合作不够紧密的问题主要体现在双方合作的广度和深度上。广度方面，学校与企业的合作可能仅限于某些特定领域或项目，未能全面覆盖到人才培养的各个环节。深度方面，双方的合作可能停留在表面层次，缺乏深入的技术研发、人才培养和资源共享等方面的实质性合作。

造成学校与企业之间合作不够紧密的原因是多方面的。首先，双方在合作模式和利益分配上可能存在一定的障碍。由于学校和企业属于不同的组织体系，双方在合作目标、资源投入和利益诉求等方面存在差异，这就需要双方建立起有效的沟通和协调机制，以实现共赢的合作局面。如果双方缺乏有效的沟通和反馈机制，就可能导致合作过程中出现误解和摩擦，从而影响合作的紧密程度。

其次，部分学校可能缺乏与产业界合作的经验和资源。长期以来，学校的教育体系相对封闭，与产业界的联系不够紧密。这就导致学校在寻求与企业的合作时，缺乏足够的渠道和资源，难以建立起稳定的校企合作关系。同时，学校在与企业合作时，也面临一系列新的挑战和问题，如如何调整教学策略以适应企业的实际需求、如何保护知识产权等。这些问题的存在可能会增加学校与企业合作的难度，从而影响合作的紧密程度。

三、针对不匹配问题提出的改进建议与措施

（一）加强市场调研与课程更新

为了有效解决学校课程设置与市场需求之间的脱节问题，学校应当建立

一套系统且高效的市场调研机制，通过多元化的调研手段，如问卷调查、深度访谈、行业报告分析等，全面而深入地把握汽车制造产业的最新动态和人才需求。

在实施市场调研的过程中，学校应当注重数据的收集与分析，确保所获取的信息具有代表性和准确性。通过对调研结果的细致剖析，学校可以洞察到行业发展的趋势，以及企业对人才知识、技能和素质的具体要求。

基于市场调研的宝贵信息，学校应当迅速行动起来，对现有的课程体系进行全面的梳理和评估。对于那些已经过时或即将过时的课程内容，学校应当果断地予以淘汰或替换，确保课程设置紧跟行业发展的步伐。同时，学校还应当积极引入新兴技术和市场趋势的相关内容，使课程内容更具前瞻性和实用性。

在更新课程的过程中，学校可以充分利用行业专家和企业导师的丰富资源。这些专家和导师不仅具备深厚的理论知识，还拥有宝贵的实践经验。他们的参与不仅可以为课程设计提供独特的视角和见解，还可以为教学过程注入更多的实践元素和行业动态。通过与他们的紧密合作，学校可以进一步提升课程的实用性和针对性，从而更好地满足市场和企业的需求。

（二）强化实践教学与创新能力培养

实践教学在高等教育体系中占据着举足轻重的地位，对于汽车制造这类强调技术应用和创新的行业而言尤为重要。为了有效提升学生的实际操作技能和解决问题的能力，学校必须在教学计划中赋予实践教学更高的权重。

具体而言，学校应通过增加经费投入、更新实验设备、优化实践环境等方式，显著改善现有的实践教学条件。这不仅包括提升校内实验室和实训基地的硬件设施，还包括完善实践教学的软件资源，如引入先进的模拟软件、构建丰富的案例库等。

在实践教学的内容设计上，学校应着重增加实验课程和实训项目的数量，并确保其质量能够充分满足行业标准和市场需求。这意味着学校需要与行业企业保持紧密的联系，及时了解最新的技术动态和岗位需求，以便将最新的实践内容融入教学之中。

除了常规的实践教学活动，学校还可以通过建立校内实训基地的方式，为学生提供更加贴近真实工作环境的学习体验。这类实训基地可以模拟汽车制造企业的实际生产流程和管理模式，让学生在亲身参与的过程中深化对专业知识的理解，并提升解决实际问题的能力。

此外，学校应当积极鼓励和引导学生参加各类技能竞赛和创新创业活动。这些活动不仅为学生提供了展示才能的舞台，更是锻炼他们创新能力、团队协作精神和解决实际问题能力的宝贵机会。通过参与这些活动，学生可以接触到更多的行业前沿技术和创新理念，从而激发他们的创新思维和创业热情。

（三）深化校企合作与人才培养对接

在当前教育背景下，深化校企合作对于提升人才培养质量、满足市场需求具有重要意义。学校应积极拓展与企业的合作空间，通过建立稳定的校企合作关系，实现资源共享、优势互补，共同推动人才培养工作的发展。

校企合作的有效实施，能够使学校更加精准地把握市场动态和企业需求。通过与企业的紧密沟通，学校可以及时了解行业发展趋势、技术更新周期以及企业对人才的具体要求，从而有针对性地调整课程设置、更新教学内容，确保人才培养的时效性和实用性。

同时，企业应成为学校实践教学的重要资源。企业可以为学校提供丰富的实习岗位和实践项目，让学生在真实的工作环境中锻炼技能、积累经验。这种实践教学方式不仅能够增强学生的实践操作能力，还有助于培养学生的职业素养和团队协作精神。此外，企业还可以为学校提供先进的教学设备和技术支持，帮助学校提高实践教学条件，提升教学质量。

除了实践教学方面的合作，学校还可以与企业共同开展技术研发和成果转化等活动。通过联合研发、技术转移等方式，学校可以充分利用企业的技术优势和市场资源，推动科研成果的转化和应用。这种合作模式不仅有助于提升学校的科研水平，还能够为企业提供持续的技术支持和创新动力，实现双赢。

为了确保校企合作的有效性，学校应建立完善的反馈机制。通过定期收集企业对毕业生的评价、追踪毕业生的职业发展情况等方式，学校可以及时了解人才培养的实际效果和市场反馈。这些信息将为学校改进教学方法、优化课程设置提供有力依据，确保人才培养工作始终与市场需求保持同步。

第八章　职业院校专业动态调整与专业（群）建设

同汽车制造专业院校一样，一般职业院校也面临着同样的困难和问题。为从宏观上更深刻、全面地认识这种机遇和挑战，本章试对职业院校专业调整和建设作简要分析。

第一节　职业院校专业动态调整机制构建

一、专业动态调整的必要性与紧迫性

（一）经济结构与产业需求快速变化

随着科技的飞速发展和全球化的深入推进，经济结构和产业需求正在经历一场前所未有的变革。变革的速度之快、范围之广、影响之深，都是前所未有的。它不仅仅改变了传统行业的格局，也在不断地催生出新的产业和业态。

首先，新兴产业的崛起是这场变革的重要推动力。随着人工智能、大数据、云计算、物联网等技术的不断发展，越来越多的行业开始与科技融合，形成了诸多新兴产业，如智能制造、数字经济、生物科技等。这些新兴产业的崛起，不仅对人才的需求提出了新的要求，也为职业院校的专业设置提供了新的方向。

其次，传统产业的转型也是当前经济结构调整的重要方面。在市场竞争日益激烈和技术不断进步的双重压力下，传统产业必须进行转型升级，以适

应市场的需求和变化。这种转型往往涉及到技术更新、流程改造、管理升级等多个方面，也要求职业院校在专业设置上做出相应的调整，以培养出更多具备创新精神和实践能力的高素质人才。

最后，技术的更新换代也是推动经济结构和产业需求变化的关键因素。随着科技的不断进步，新技术、新工艺、新设备层出不穷，不仅改变了传统行业的生产方式，也提高了生产效率和质量。这就要求职业院校必须密切关注技术发展的动态，及时调整专业设置和教学内容，确保所培养的人才能够掌握最新的技术和知识，满足行业发展的需求。

（二）提升教育质量与满足市场需求的关键

专业动态调整在职业院校教育体系中占据着举足轻重的地位，它是提升教育质量和满足市场需求的关键环节。通过这一机制，职业院校能够紧密跟踪市场动态，确保所开设的专业与当前及未来的产业需求相契合。

在实施专业动态调整时，职业院校需定期评估现有专业的市场需求。这包括对各行各业人才需求的深入分析、对学生毕业后就业去向的追踪以及对未来职业市场趋势的预测。通过评估，学校可以及时调整那些市场需求下降或已经饱和的专业，避免教育资源的浪费。

此外，学生满意度的评估也是专业动态调整中的重要考量因素。学生的反馈直接反映了专业教学的实际效果和学生的学习体验。通过收集学生的意见和建议，学校可以发现教学中存在的问题和不足，进而有针对性地进行改进和优化，提升教育质量。

（三）促进学生就业的重要举措

专业动态调整在促进学生就业方面扮演着至关重要的角色。面对快速变化的市场需求，职业院校必须保持高度的敏感性和灵活性，以确保所培养的学生能够适应不断变化的就业环境。

就业市场是一个动态变化的系统，其中一些传统专业可能因技术进步、行业转型等因素而逐渐失去原有的就业优势。与此同时，新兴产业的崛起和技术的创新则为就业市场注入新的活力，提供更多的就业机会。职业院校通过及时调整专业方向，可以帮助学生更好地把握这些变化，选择那些更具就业前景和发展潜力的专业。

二、构建专业动态调整机制的基本原则与思路

（一）需求导向原则

在构建专业动态调整机制的过程中，必须坚持需求导向原则。这一原则强调职业院校必须紧密围绕经济社会的发展需求以及行业趋势来进行专业的设置和调整，确保教育与市场的紧密结合。

为了实现这一目标，职业院校需要采取一系列具体措施。首要任务是定期开展深入的市场调研，通过收集和分析各行业的人才需求数据，了解当前及未来一段时间内市场对各类人才的需求状况。这包括对人才需求数量、技能要求、发展趋势等的全面把握。

在市场调研的基础上，职业院校应对现有专业进行全面的评估。对于那些市场需求下降、就业前景黯淡的专业，应及时进行调整或撤销。同时，对于市场需求旺盛、具有发展潜力的新兴领域，应积极增设相关专业，以满足市场的迫切需求。

除专业的增设和撤销外，职业院校还应根据市场需求的变化对专业方向进行调整。这包括课程内容的更新、教学方法的改进以及实践环节的加强等，以确保所培养的人才具备市场所需的知识和技能。

（二）科学性原则

在当今信息爆炸的时代，职业院校要想紧跟行业发展的步伐，就必须依托科学的方法和手段来进行专业的预测和调整。

为了科学预测专业发展趋势，职业院校需要充分利用大数据、云计算等现代信息技术。这些技术能够对行业数据、就业数据、教育数据等进行全面地收集、整合和深度挖掘。通过对这些数据的分析，职业院校可以洞察行业发展的内在规律和未来趋势，从而更准确地把握各专业的发展方向和市场需求。

在科学预测的基础上，职业院校还需要结合自身的实际情况，如教育资源的承载能力、师资队伍的素质和专业背景等，制定切实可行的专业调整方案。这要求职业院校在进行专业调整时，不仅要考虑市场的需求，还要充分考虑自身的办学条件和优势，确保所开设的专业既符合市场需求，又能充分利用和发挥学校的教育资源。

（三）灵活性原则

灵活性原则是快速响应市场变化的重要保障。为了践行这一原则，职业院校需要采取一系列措施来打破传统的管理体制和运行机制的束缚，赋予教学单位更多的自主权。

具体而言，应该允许教学单位根据市场需求和自身实际情况，自主设置和调整专业方向，自主制订教学计划，根据实际情况灵活安排教学进度和实践活动，以确保教学的质量和效果。

在实施灵活性原则时，职业院校还需要建立一套完善的监测和评估机制，以确保专业调整的及时性和有效性。学校应定期对开设的专业进行评估，及时发现并调整那些不适应市场需求或教育质量不佳的专业。同时，学校还要密切关注行业发展趋势和市场需求变化，及时调整专业设置和教学计划，以确保教育的针对性和前瞻性。

（四）可持续发展原则

在职业院校进行专业调整的过程中，可持续发展原则发挥着至关重要的作用。这一原则强调职业院校在进行专业调整时，必须摒弃盲目跟风和短视行为，转而注重专业的长远规划和可持续发展。

为了实现这一目标，职业院校需要采取一系列具体措施。首先，职业院校要结合自身的办学特色和资源优势，明确各专业的定位和发展方向。这包括对学校的整体发展战略进行深入研究，了解学校的核心竞争力和优势领域，并在此基础上确定各专业的培养目标和课程设置。

其次，职业院校还要密切关注行业的整体发展趋势和技术创新动态。通过对行业趋势的深入分析和预测，学校可以确保所开设的专业紧跟时代步伐，并具备持续发展的潜力。这要求学校加强与行业企业的联系和合作，及时了解行业发展的最新动态和技术创新成果，以便及时调整专业方向和教学内容。

三、专业动态调整机制的具体实施步骤与措施

（一）建立全面的专业监测与预警系统

在构建和实施专业动态调整机制的过程中，建立全面的专业监测与预警系统是至关重要的第一步。这一系统旨在通过定期收集、整合和分析相关行业数据，以及密切关注就业市场信息和学生反馈，来实时掌握专业发展动态，及时发现并应对潜在问题和风险。

具体而言，专业监测与预警系统应包含以下几个关键环节：

数据收集环节：系统需要定期收集与行业、就业市场以及学生相关的各类数据。这包括但不限于行业发展趋势报告、技术进步动态、人才需求变化统计、毕业生就业情况调查等。为了确保数据的准确性和时效性，职业院校可以与行业组织、招聘网站、教育机构等建立数据共享机制。

数据分析环节：收集到的数据需要通过科学的方法进行深入挖掘和分析。职业院校可以利用大数据、云计算等现代信息技术手段，对数据进行清洗、整理、建模和可视化呈现，以揭示行业发展的内在规律和趋势，识别专

业发展中的机遇和挑战。

预警机制环节：基于数据分析的结果，系统需要设定合理的预警阈值和指标，当某些关键数据达到或超过这些阈值时，系统能够自动触发预警信号。例如，当某一专业的就业率连续几年低于某一水平，或者该专业的市场需求出现明显下滑时，系统应能够及时发现并发出预警。

决策支持环节：预警信号发出后，职业院校需要迅速做出响应。此时，专业监测与预警系统应能够提供科学的决策支持，包括潜在问题的原因分析、可能的解决方案、建议等。这有助于职业院校在面对专业调整需求时，能够做出更加明智和及时的决策。

（二）科学制定并执行专业调整规划

在科学制定专业调整规划的过程中，职业院校需要充分利用专业监测与预警系统的输出结果，将其作为规划制定的重要依据。这一规划不仅需要明确调整的具体目标、重点任务和时间节点，以确保整个调整过程的有序进行，而且还需要紧密结合学校自身的条件和发展定位，充分考虑教育资源的实际配置和师资队伍的现有状况。

在制定规划时，职业院校首先要对专业监测与预警系统所揭示的问题和风险进行深入分析，明确专业调整的必要性和紧迫性。其次，学校需要根据自身的办学特色、资源优势以及市场需求等因素，确定专业调整的总体方向和重点任务。这包括但不限于专业的增设、撤销、合并或方向调整等。

为了确保规划的有效实施，职业院校还需要制定详细的时间节点和实施方案。这包括明确各项任务的开始和结束时间，以及具体的责任人和执行团队。同时，学校还需充分考虑教育资源的合理配置，如教学设施的更新、课程体系的重构、师资队伍的培训与引进等，以确保专业调整工作的顺利进行。

（三）实施专业的优化与整合策略

在职业院校专业动态调整的过程中，对现有专业的梳理和评估是一个至关重要的环节。这一环节的目的在于识别出那些已经不适应市场需求、缺乏发展潜力或者存在其他问题的专业，进而为后续的调整工作提供明确的方向和依据。

为了实现这一目标，职业院校需要对所有开设的专业进行全面的审查。审查的内容应涵盖专业的市场需求、发展潜力、教学质量、就业情况等多个方面。通过深入的数据分析和市场调研，学校可以更加准确地了解每个专业的实际状况，从而做出更为明智的决策。

在梳理和评估的基础上，职业院校可以采取多种策略来优化和整合现有专业。首先，针对那些市场需求萎缩或发展潜力有限的专业，学校可以考虑调整其专业方向或更新课程体系，使其更加符合当前的市场需求和技术发展趋势。其次，对于那些教学内容相似、重复设置的专业，学校可以通过合并的方式来进行整合，以提高教育资源的利用效率。此外，学校还可以根据自身的办学特色和资源优势，重点发展那些具有竞争力的专业，打造特色品牌。

在实施优化与整合策略的过程中，职业院校应充分听取行业专家、教师和学生的意见。行业专家可以为学校提供专业的市场分析和发展建议，教师则能够从教学的角度提出切实可行的改进方案，而学生作为教育的直接受益者，他们的需求和期望也是学校进行专业调整时必须考虑的重要因素。通过广泛征求意见和建议，学校可以确保调整方案的合理性和可行性，从而最大限度地满足各方的利益诉求。

（四）深化校企合作与产教融合的实践

在职业院校的专业动态调整机制中，深化校企合作与产教融合的实践是至关重要的一环。这种合作模式能够有效地提升职业院校的人才培养质量，使其更好地适应市场需求和行业变化。

为了实现这一目标，职业院校应积极寻求与企业和行业的深度合作与交流。这种合作可以涵盖多个层面，如共同制定人才培养方案、共建实训基地，以及开展技术研发等。通过这些合作，学校和企业能够共同推动产教融合和校企合作育人模式的创新与实践。

　　共同制定人才培养方案是校企合作的核心内容之一。职业院校应与企业紧密合作，根据市场需求和行业趋势，共同设计出既符合教育规律又满足企业需求的人才培养方案。这不仅能够确保学校的教学内容与企业的实际需求紧密相连，还能为学生提供更加实用和有针对性的学习体验。

　　共建实训基地则是提升学生实践能力和职业素养的重要途径。通过与企业合作共建实训基地，职业院校能够为学生提供更加真实和贴近实际工作环境的学习场所。在这种环境中，学生可以更好地了解企业的运营方式和工作流程，从而提升自己的实践能力和职业素养。

　　此外，开展技术研发也是深化校企合作的重要方式之一。职业院校可以与企业共同开展技术研发项目，通过合作研发新技术、新产品或解决行业难题，推动科技创新和成果转化。这不仅能够提升学校的科研水平和创新能力，还能为企业提供定制化的人才解决方案和技术支持，实现双方的共赢发展。

第二节　职业院校与企业合作育人的模式探索

一、校企合作育人的现状与挑战

（一）校企合作育人的发展现状

在当前的职业教育领域，校企合作育人模式已经成为一种重要的教育趋势。这种合作模式源于对传统教育模式与市场需求脱节的反思，旨在通过学校与企业的紧密合作，共同培养出更符合市场需求的高素质人才。

　　近年来，随着职业教育的快速发展和国家政策的大力支持，越来越多的职业院校开始与企业建立合作关系，共同推进校企合作育人模式的发展。这种合作模式结合了学校的教育资源和企业的实践平台，能够为学生提供更为全面、系统的教育和培训。

在校企合作育人模式下，学校主要负责学生的理论教学和基础技能培训，而企业则提供实践操作的场所和机会，帮助学生将理论知识转化为实际操作能力。通过这种合作模式，学生能够在学习专业知识的同时，深入了解行业的实际运作，提升专业技能和职业素养，从而更好地适应未来职场的需求。

同时，校企合作育人模式也为企业提供了更多的人才选择。企业可以参与到学校的教学过程中，了解学生的学习情况和技能水平，从而更有针对性地选拔和培养符合自身需求的人才。这种合作模式不仅有助于企业建立稳定的人才储备库，还能够降低人才招聘和培养的成本，提高企业的竞争力。

（二）双方合作面临的挑战

在校企合作育人模式的推进过程中，双方合作意愿不对等的问题成为了一个显著的挑战。这一问题主要体现在两个方面：一是企业参与职业教育的积极性问题，二是职业院校在合作过程中的话语权问题。

就企业而言，虽然校企合作育人模式在理论上能够为企业带来长远的人才储备和技术支持，但在实际操作中，企业往往需要投入大量的资源，包括人力、物力和财力。这些投入在短期内可能难以看到明显的回报，因此，一些企业对于参与职业教育持谨慎态度，甚至可能因担忧无法获得足够的回报而缺乏积极参与的动力。此外，企业运营的市场导向性质也使其更关注当前的经济效益和业绩指标，从而可能忽视对长期人才培养的投入。

对于职业院校而言，寻找合适的合作企业并与之建立稳定的合作关系并非易事。一方面，不同企业对于人才的需求和合作模式的期望可能存在差异，这增加了双方达成合作共识的难度；另一方面，一些职业院校在与企业合作时可能面临话语权不对等的问题。由于企业在资源和市场方面往往具有更大的优势，因此在合作过程中可能占据更为主导的地位，而职业院校则可能处于相对被动的地位。这种话语权的不对等可能导致职业院校在合作中的诉求和利益无法得到充分保障，进而影响双方合作的稳定性和效果。

此外在校企合作育人的实践中，合作深度不够也成了一个亟待解决的问题。许多校企合作项目仍然停留在较为表面的层次，例如，企业为学生提供有限的实习机会，或学校简单地为企业输送毕业生以填补人力需求。这种浅尝辄止的合作方式未能深入挖掘和发挥双方潜在的资源和优势。

这种合作深度不够的问题不仅限制了校企合作育人的潜力，还可能对学生的全面发展产生负面影响。学生可能无法获得充分的实践机会和职业发展指导，导致他们在毕业后难以快速适应职场环境。

这些困境和挑战，主要原因在于合作机制不完善，这种不完善主要体现在责任划分不明确、利益分配不均衡以及风险评估和应对机制缺失等方面。

首先，责任划分不明确。由于双方在合作之初可能未就各自的责任和义务进行明确界定，导致在实际操作过程中容易出现权责不清、互相推诿的情况。例如，在学生实习环节，企业可能期望学校承担更多的管理和教育责任，而学校则可能认为企业应提供更多实践机会和职业指导。这种责任划分的不明确不仅影响了双方的合作效率，还可能对学生的培养质量产生负面影响。

其次，诉求与目标存在差异。由于学校和企业在合作中的诉求和目标存在差异，双方对于合作成果的期望和分配往往难以达成一致。这种差异会削弱双方合作的积极性和稳定性，甚至可能导致合作关系的破裂。

最后，风险评估和应对机制缺失。校企合作涉及多个方面和环节，其中不可避免地存在各种潜在风险和挑战。如果双方在合作之初未能对可能出现的风险进行充分评估和制定应对措施，那么在合作过程中就可能遭遇各种突发情况而手足无措。这种风险评估和应对机制的缺失不仅会影响双方的合作效果，还可能给双方带来不必要的损失和风险。

二、创新校企合作育人模式的思路与建议

（一）建立校企共赢的合作机制

为确保校企合作育人的稳定发展，建立明确的合作机制显得尤为重要。

这一机制不仅为双方提供了合作的框架和准则，更是保障双方权益、促进共同发展的重要基础。

在构建合作机制的过程中，应详细规定学校和企业在合作过程中的具体责任、权益及义务。学校作为人才培养的主体，应承担起教育教学的主要任务，为企业提供符合需求的高素质人才；而企业则应充分发挥其实践平台的优势，为学生提供实习实训的机会，同时参与到学校的教学和科研活动中，共同推进人才培养质量的提升。

为固化双方的合作关系，通过签订合作协议，双方可以明确各自的责任边界、权益范围以及合作期限等关键要素，从而为合作的稳定开展提供有力的法律保障。

同时，双方应共同参与到人才培养方案的制定中。企业可以根据自身的用人需求和行业标准，对学校的课程设置、教学内容等提出具体建议，确保所培养的人才具备企业所需的专业技能和职业素养。而学校则可以充分利用企业的资源和实践经验，丰富教学内容和形式，提升人才培养的针对性和实效性。

除了以上方面，合作机制还应包括利益分配、风险承担及争议解决等内容。在利益分配方面，双方应遵循公平、合理的原则，根据各自在合作中的贡献和投入来分享合作成果。在风险承担方面，双方应明确各自的风险责任，制定有效的风险防范和应对措施。在争议解决方面，双方应建立高效的沟通协商机制，及时化解合作过程中出现的各种问题和矛盾。

（二）创新人才培养模式

在校企合作育人的实践中，为满足不同行业和企业对人才的多元化需求，持续创新人才培养模式显得尤为重要。这种创新不仅有助于提升教育的针对性和实效性，还能更好地促进学生的全面发展，为他们的未来职业生涯奠定坚实基础。

"订单式"培养便是一种具有代表性的人才培养模式。在这种模式下，学校与企业紧密合作，根据企业的具体需求和用人标准来定制人才培养方案。这种"量身定制"的教育方式，能够确保学生毕业后具备直接上岗工作的能力，从而大大缩短企业对新员工的适应期和培训成本。同时，它也有助于提升学校教育的实用性和针对性，使教育更加贴近市场和行业的实际需求。

工学交替模式是另一种值得推崇的人才培养方式。在这种模式下，学生可以在学习过程中交替进行理论学习和实践操作。这种理论与实践相结合的教育方式，不仅能够帮助学生更好地理解和掌握专业知识，还能提升他们的实践能力和问题解决能力。通过工学交替的学习经历，学生可以更加深入地了解职业环境和行业要求，为未来的职业生涯做好充分准备。

现代学徒制则是一种注重传承和实践的人才培养模式。在这种模式下，企业经验丰富的员工会担任学生的导师，通过师徒传承的方式指导学生学习和实践。这种一对一的指导方式，能够针对学生的个性和需求提供更具针对性的教育支持，帮助学生在实践中不断提升职业素养和实践能力。同时，现代学徒制也有助于加强学校与企业之间的联系和合作，推动双方在教育领域的深度合作和共同发展。

（三）加强师资队伍建设

师资队伍的素质在校企合作育人模式中具有举足轻重的地位，其直接影响人才培养的质量与效果。因此，学校必须高度重视并着手加强"双师型"教师的培养与引进。所谓"双师型"教师，即指那些既具备深厚理论知识，又拥有丰富实践经验的教师，他们在教学中能够理论联系实际，为学生提供更具实用性和前瞻性的指导。

为实现这一目标，学校可以采取多种措施。首先，可以邀请企业中的专家和技术骨干担任学校的兼职教师。这些企业专家深谙行业发展的最新动态和技术前沿，他们的加入不仅能够为学校带来宝贵的实践经验，还能为学生提供更为贴近实际的教学内容。通过参与学校的实践教学活动，企业专家可以与学生面对面交流，分享他们的行业经验和见解，从而帮助学生更好地了解职业环境，提升职业素养。

其次，学校还应积极鼓励在职教师到企业进行挂职锻炼或参加相关的专业培训课程。通过这种方式，教师可以深入了解企业的运营模式和业务流程，亲身感受行业发展的脉搏，从而提升他们的实践能力和行业认知。这种实践经验的积累不仅有助于教师更新知识结构，提升教学水平，还能使他们在教学中更加注重理论与实践的结合，为学生提供更为实用、有效的学习指导。

（四）完善评估与反馈机制

为确保校企合作育人的持续改进和优化，建立完善的评估与反馈机制显得尤为重要。这一机制能够系统地监测合作过程中的各项关键指标，及时发现并解决问题，从而保障合作的有效性和教育质量的持续提升。

评估机制方面，应定期对校企合作的各个环节进行全面评估。评估内容涵盖合作协议的执行情况、教学资源共享与利用情况、人才培养方案的实施效果等。通过量化指标和质性分析相结合的方式，深入剖析合作过程中的成效与不足，为后续的改进提供科学依据。

反馈机制方面，需要多渠道收集学校、企业、学生及家长等各方的反馈意见。这些意见能够直接反映合作育人的实际效果和社会认可度，是优化合作策略的重要参考。为确保反馈的真实性和有效性，应采用匿名调查、座谈会等多种形式，鼓励各方积极表达看法和建议。

根据评估与反馈结果，学校和企业应共同商讨解决方案，及时调整合作策略和教学计划。针对存在的问题，双方应明确改进目标和措施，并落实到具体的工作计划中。通过持续不断地改进和优化，校企合作育人模式能够更好地适应市场需求和行业变化，培养出更多符合社会需要的高素质人才。

校企合作育人成功案例分享与启示

【案例】Z 职业院校与 W 高科技企业的"智能制造产教融合项目"

1. 项目背景与目标

随着智能制造技术的迅猛发展，行业对具备相关专业技能和创新能力的人才需求日益迫切。Z 职业院校与 W 高科技企业紧扣这一时代脉搏，共同发起"智能制造产教融合项目"，旨在通过深度融合校企资源，培养具备智能制造核心技术能力和创新精神的高素质技术技能人才。

2. 合作内容与模式创新

（1）共建智能制造实训基地

a. 投资与建设

资金合作：Z 职业院校与 W 高科技企业经过多次协商，确定了共同投资的金额和比例。双方共同出资，确保了实训基地建设的资金充足，并能够按照既定的时间表推进。

场地选址与规划：在选址方面，考虑到学校的教学资源和企业的实际需求，选择了一个交通便利、环境优美的地块作为实训基地的所在地。规划方面，则充分考虑了未来发展的需要，预留了足够的扩展空间。

设备采购与安装：双方共同成立了一个采购小组，负责设备的选型、采购和安装工作。采购小组在市场上进行了广泛的调研，最终选择了行业内领先、性价比高的设备和平台。设备的安装和调试工作则由专业的技术团队负责，确保设备的正常运行和使用。

b. 设备与平台

设备选型：智能制造实训基地的设备选型非常关键，直接影响到教学的质量和效果。因此，双方在选择设备时，不仅考虑了设备的性能和技术指标，还充分考虑了教学的实际需求。例如，数控机床选择了具有高精度、高稳定性的型号，工业机器人则选择了具有广泛应用场景和良好教学效果的型号。

工业互联网平台：引入的工业互联网平台是行业内领先的平台，具有强大的数据采集、分析和处理能力。学生可以通过该平台实时了解设备的运行状态和生产数据，从而更好地理解智能制造的生产组织和管理方式。同时，该平台还提供了丰富的开发工具和应用场景，支持学生进行创新性的研发和实践。

模拟生产线：模拟生产线是实训基地的重要组成部分，它完全按照企业实际生产流程进行设计和搭建。生产线上配备了各种传感器和执行器，可以模拟真实的生产环境和生产过程。学生通过在模拟生产线上进行实践操作，可以深入了解生产现场的实际情况，提升他们的实践能力和问题解决能力。

c.功能与布局

理论教学区：理论教学区配备了先进的多媒体教学设施，包括大屏幕投影仪、音响系统、电子白板等。这些设施可以支持教师进行生动、形象的教学活动，提高学生的学习兴趣和效果。同时，理论教学区还设置了充足的座位和舒适的学习环境，确保学生能够全身心地投入学习中。

实践操作区：实践操作区是实训基地的核心区域，它为学生提供了充足的实训工位和真实的生产环境。每个实训工位都配备了必要的工具和设备，方便学生进行实践操作。同时，实践操作区还设置了严格的安全管理制度和操作规程，确保学生在实践过程中的安全。

研发创新区：研发创新区是鼓励学生进行探索性学习和创新性实践的重要场所。该区域配备了先进的研发设备和开发工具，支持学生进行各种创新性的研发项目。同时，学校和企业还会定期在研发创新区举办各种创新竞赛和技术交流活动，激发学生的创新意识和创业精神。此外，研发创新区还设置了灵活的空间布局和舒适的休息区域，方便学生进行团队协作和交流讨论。

（2）联合开发课程体系

a.需求分析

企业需求调研：Z职业院校与W高科技企业共同组织了一系列的企业需求调研活动。通过问卷调查、深入访谈、实地考察等方式，全面了解企业对智能制造人才的具体需求，包括所需掌握的知识体系、关键技能以及应具备的职业素养。

行业趋势分析：双方还共同分析了智能制造技术的发展趋势，包括最新技术动态、行业热点以及未来发展方向。这有助于确保所开发的课程体系能够紧跟行业步伐，为学生提供前沿、实用的知识和技能。

教育目标设定：基于企业需求和行业趋势的分析结果，双方明确了课程体系建设的目标和方向。这包括培养学生的智能制造基础理论、技术应用能力、创新思维以及跨学科协作等综合能力。

b. 课程结构

专业基础课设计：专业基础课旨在为学生打下坚实的专业基础。课程内容包括数学、物理、工程制图等基础理论，以及机械设计、电工电子等专业技术基础。这些课程将注重知识的系统性和连贯性，帮助学生建立起完整的智能制造知识体系。

核心专业课构建：核心专业课是课程体系的重中之重，聚焦于智能制造领域的核心技术和应用。课程将涵盖智能制造技术、工业机器人应用、自动化生产线调试与维护等关键内容。通过理论与实践相结合的教学方式，使学生能够熟练掌握智能制造的核心技术和方法。

实践教学课实施：实践教学课是课程体系的重要组成部分，旨在通过实训项目、企业实习等方式让学生在实践中深化对理论知识的理解。双方将共同设计一系列具有实际意义的实训项目，如智能制造系统集成项目、工业互联网应用项目等。同时，还将安排学生进入 W 高科技企业进行实习，亲身参与智能制造的实际生产过程，提升他们的实践能力和职业素养。

c. 内容更新

动态调整机制建立：为确保课程体系的时效性和前瞻性，双方建立了动态调整机制。根据智能制造技术的最新发展和行业动态，及时对课程内容进行更新和调整。这包括引入新技术、新工艺、新标准等前沿内容，以及淘汰过时或不再适用的知识点。

特色课程开发：为满足企业对特色人才的需求，双方还共同开发了一系列特色课程。例如，针对智能制造系统集成领域的需求，开发相应的系统集成课程；针对工业互联网应用领域的热点，开设工业互联网应用课程等。这些特色课程将紧密结合企业实际需求和行业发展趋势，为学生提供更加专业、实用的知识和技能训练。

（3）实施"双导师制"

a. 导师选拔

校内导师选拔：Z职业院校在选拔校内导师时，注重考查教师的教学经验、专业背景以及与学生的沟通能力。通过教学观摩、试讲、面试等方式，选拔出一批具有丰富教学经验、深厚专业功底且热心学生指导的教师。这些教师将作为学生校内学习的主要引导者，负责学生的理论教学、课程辅导以及学术指导。

校外导师选拔：W高科技企业在选派校外导师时，则侧重于选择具有实际工作经验、专业技能突出且善于传授知识的工程师。这些工程师通常具有多年的行业从业经验，对智能制造技术有深入的了解和实践。他们将通过实践教学、项目指导等方式，帮助学生提升实践能力、了解行业动态，并为学生提供职业规划和发展建议。

b. 个性化指导

理论教学与专业指导：校内导师主要负责学生的理论教学和专业指导。他们会根据学生的兴趣、特长和学业需求，制订个性化的教学计划和指导方案。通过定期的授课、辅导和答疑，帮助学生掌握专业基础知识，提升学术素养。同时，校内导师还会关注学生的学术发展，鼓励他们参与科研项目和学术竞赛，培养他们的创新思维和研究能力。

实践教学与职业规划：校外导师则主要负责学生的实践教学和职业规划。他们会结合企业的实际项目和案例，指导学生进行实践操作和技能训练。通过参与实际项目，学生可以亲身感受智能制造的工作流程和技能要求，提升他们的实践能力和问题解决能力。此外，校外导师还会根据学生的兴趣和发展需求，为他们提供职业规划建议，帮助他们了解行业趋势和就业市场，制定合理的职业目标和发展路径。

c. 互动交流

互访机制：为促进学校教师和企业工程师之间的交流和合作，双方建立了定期的互访机制。学校教师会定期访问企业，了解最新的技术动态、市场需求以及企业的运营模式。这有助于教师更新教学内容，使教学更加贴近行业实际。同时，企业工程师也会走进校园，参与教学活动、举办讲座或工作坊，与学生和教师进行面对面的交流和互动。

研讨会制度：双方还共同建立了研讨会制度，定期就智能制造领域的热点问题进行深入研讨和交流。这些研讨会为学校教师和企业工程师提供了一个分享经验、探讨问题的平台，有助于提升双方的教学水平和专业素养。同时，学生也有机会参与这些研讨会，了解最新的行业动态和前沿技术，拓宽他们的视野和知识面。通过这种互动交流，学生的综合素质得到了全面提升，为他们未来的职业发展奠定了坚实的基础。

（4）开展项目化教学

a. 项目选择

实际项目引入：W 高科技企业提供了一系列实际项目作为教学载体。这些项目涵盖了智能制造领域的多个方面，如自动化生产线设计、工业机器人编程与调试、智能仓储管理系统开发等。每个项目都紧密结合市场需求和创新设计，确保学生在参与过程中能够接触到最前沿的技术和应用。

项目筛选与适配：为确保项目的适宜性和教学价值，Z 职业院校与 W 高科技企业共同对项目进行筛选和适配。他们考虑了项目的难度、周期、资源需求等因素，确保所选项目既能够挑战学生的能力，又能够在规定的教学时间内完成。同时，双方还关注项目与课程内容的关联性，确保项目能够有效地促进学生对理论知识的理解和应用。

b. 教学实施

团队协作与分工：在项目化教学过程中，学生被分成若干个小组，每个小组负责一个具体的项目任务。小组成员之间需要进行明确的分工和协作，确保项目的顺利进行。这种团队协作的方式不仅能够锻炼学生的沟通能力和组织协调能力，还能培养他们的团队合作精神和集体荣誉感。

导师指导与支持：校内导师和校外导师共同为学生提供指导和支持。他们定期与学生进行面对面的交流和讨论，解答学生在项目过程中遇到的问题和困惑。同时，导师们还会为学生提供必要的技术支持和资源保障，确保项目的顺利进行。在关键时刻，导师们还会给予学生适当的鼓励，激发他们的斗志和创造力。

问题解决与技能提升：通过项目的实施，学生不仅能够提升实践能力和问题解决能力，还能够掌握一系列实用的技能和方法。例如，在自动化生产线设计项目中，学生需要学会如何运用机械设计软件进行零部件设计和装配；在工业机器人编程与调试项目中，学生需要掌握工业机器人的基本操作和编程技巧；在智能仓储管理系统开发项目中，学生则需要学会如何运用软件开发工具进行系统的设计和开发等。这些技能和方法不仅对学生的职业发展具有重要意义，还能为他们的终身学习和发展奠定坚实的基础。

c.成果展示与评价

成果展示准备：项目完成后，学生需要进行充分的成果展示准备。他们需要整理项目过程中的文档、数据、图片等资料，制作精美的PPT演示文稿或视频展示材料。同时，他们还需要对项目成果进行客观的分析和评价，提炼出项目的创新点和亮点。这些准备工作不仅能够提升学生的表达能力和自信心，还能够培养他们的逻辑思维和批判性思维。

现场展示与答辩：在成果展示环节，学生需要通过生动的演讲、精准的演示以及有力的答辩向导师、企业专家以及其他同学展示他们的项目成果和收获。这个过程不仅能够锻炼学生的口头表达能力和应变能力，还能让他们更好地接受他人的评价和反馈。同时，现场展示与答辩也是学生之间相互学习和交流的重要机会，有助于促进他们的共同进步和成长。

评价与反馈：在成果展示结束后，双方导师和企业专家会对学生的项目成果进行评价和反馈。他们会从项目的创新性、实用性、完成度等多个方面进行评价，并提出具体的改进意见。这些评价和反馈不仅能够帮助学生更好地了解自己的不足和需要改进的地方，还能够为他们的后续学习和职业发展提供有益的指导。同时，双方导师和企业专家还会对学生在项目过程中的表现和努力给予充分的肯定和认可，从而激发学生的学习热情和动力。

3. 合作成效与影响

人才培养质量显著提升：经过产教融合项目的培养，学生的智能制造技能水平和职业素养得到了显著提升。他们在全国技能大赛中屡获佳绩，多名学生被企业提前预订，实现了高质量就业。

校企合作模式成为典范：该项目在校企合作育人领域取得了显著成效，其合作模式被多所职业院校和企业效仿。双方共同探索出的产教融合新路径，为职业教育改革和创新提供了有益借鉴。

促进行业发展和社会进步：通过为智能制造行业输送大批高素质技术技能人才，该项目为行业发展注入了新的活力。同时，项目的成功实施也提升了社会对职业教育的认可度和满意度，推动了职业教育的可持续发展。

4. 启示与思考

紧跟时代步伐，把握行业趋势：职业院校应密切关注行业发展趋势和技术变革动态，及时调整专业设置和人才培养方案，确保教育与市场的紧密对接。

深化产教融合，实现优势互补：通过与企业开展深度合作、资源共享，职业院校可以充分利用企业的实践平台和技术优势，提升人才培养的针对性和实效性。

创新人才培养模式，激发学生潜能：职业院校应积极探索多样化的人才培养模式，如项目化教学、双导师制等，以激发学生的学习兴趣和潜能，培养他们的创新精神和实践能力。

第九章 结论与展望

第一节 主要研究成果与结论

经过对汽车制造行业的深入探索和对职业院校汽车制造专业的细致研究，取得了以下主要成果并得出相应结论：

随着汽车制造行业不断向智能化、电动化、网联化方向迈进，该行业对人才的需求正发生翻天覆地的变化。特别是在新能源汽车和智能网联汽车这两个新兴领域，具备高度创新能力和跨界融合知识的复合型人才变得尤为紧缺。

尽管职业院校已经建立了一定的教学基础，但在面对快速变化的行业环境时，仍显露出诸多不足。其中，课程设置未能及时跟上技术发展的步伐、实践教学环节相对薄弱，以及师资队伍缺乏足够的行业经验和前沿知识是最为突出的问题。

通过对比汽车制造行业的实际人才需求与职业院校当前的人才培养状况，发现两者之间存在显著的匹配失衡。这种失衡不仅体现在人才的知识和技能结构上，也反映在人才的创新意识和实践能力上。

针对上述不匹配现象，本研究认为深化产教融合、加强校企合作是提升人才培养与行业需求匹配度的关键途径。通过与企业紧密合作，职业院校可以及时了解行业动态和技术发展趋势，从而调整和完善人才培养方案。同时，企业可以为职业院校提供实训场地、设备和技术支持，帮助学生更好地掌握实际操作技能。此外，双方还可以共同开发课程、编写教材，推动教育教学改革与产业升级的深度融合。这种合作模式不仅能够提升人才培养的针对性和实效性，还能为汽车制造行业的持续健康发展提供有力的人才支撑。

上述成果与结论，不仅对汽车制造行业的人才培养具有重要指导意义，同时也为整个职业教育的改革与发展提供了有益的启示。

（一）职业教育与产业发展紧密联动

职业教育的核心使命是为产业培养合格的技术技能人才。汽车制造行业的技术革新和产业升级对人才提出了新的要求，这要求职业教育必须紧密跟随产业发展的步伐，及时调整教育教学内容和人才培养模式。启示职业教育不能闭门造车，应积极开放办学，与产业界保持密切沟通，确保教育教学的针对性和实用性。

（二）深化产教融合以提升人才培养质量

深化产教融合是提升人才培养质量的关键途径。通过加强校企合作、共建实训基地、开展联合培养等方式，可以促进学生将理论知识与实践操作相结合，提高其实践能力和职业素养。这种合作模式还有助于学校了解企业的真实需求，从而更有针对性地进行人才培养。

（三）建立动态调整机制以应对行业变化

面对汽车制造行业的快速变化，职业教育必须建立灵活多样的动态调整机制。包括根据行业发展趋势及时调整专业设置、更新课程内容、优化教学计划等，以确保人才培养的时效性和前瞻性。职业教育应具备高度的敏感性和应变能力，能够迅速捕捉行业变化并作出相应调整。同时，职业教育还应加强自身的内涵建设，提升师资队伍水平，完善教学设施，为应对行业变化提供坚实的基础保障。

第二节 研究的局限性及未来研究方向

一、本研究存在的局限性

本研究在汽车制造专业人才培养与行业需求匹配方面进行了深入探讨，但不可避免地存在一些局限性，这些局限性主要体现在数据样本、研究方法以及行业动态变化三个方面。

（一）数据样本的局限性

本研究的数据主要来源于特定地区或特定时间段的调查和收集，这种方式虽然在一定程度上能够反映汽车制造行业人才需求与职业院校人才培养的现状，但也存在局限性。首先，地域性限制可能导致数据无法代表全国范围内的行业情况和人才需求。不同地区的汽车制造行业发展水平、产业结构和技术应用可能存在较大差异，因此，基于特定地区的数据得出的结论在推广至全国范围时可能存在一定的偏差。其次，时间性限制可能使得数据无法准确反映长期趋势。汽车制造行业是一个动态发展的领域，技术革新、政策调整和市场变化等因素都可能对人才需求产生深远影响。本研究虽然力求使用最新数据，但仍难以完全捕捉到这些长期趋势和变化。

（二）研究方法的局限性

本研究主要采用了定量分析和案例研究等方法，定量分析虽然能够客观地呈现数据和趋势，但对于某些深层次的问题和复杂现象可能探讨不够深入。例如，人才培养过程中的师生互动、学生情感体验等质性因素可能无法通过定量数据得到充分体现。此外，由于研究条件的限制，本研究未能进行更广泛的实地调研和深入访谈，这可能在一定程度上影响了研究的深度和广度。

（三）行业动态变化的挑战

汽车制造行业是一个快速变化的领域，新的技术、政策和市场趋势不断涌现，这为人才培养带来了极大的挑战。本研究虽然力求反映最新情况，并基于当前数据和趋势进行了分析和预测，但仍可能无法完全捕捉到这些动态变化对人才培养需求的实时影响。例如，新能源汽车、智能网联汽车等领域的迅猛发展可能对人才的知识结构、技能水平和综合素质提出新的要求，而这些新兴领域的发展速度和影响范围往往难以准确预测。因此，本研究在揭示行业动态变化对人才培养需求的影响方面可能存在一定的滞后性和不完全性。

二、未来需要进一步深入研究的问题与领域

（一）扩大研究范围以提升普遍性

现阶段的研究主要集中在特定地区或特定类型的职业院校以及汽车制造行业的某些领域。为了更全面地了解全国范围内的情况，未来研究应将范围扩展到不同地区、不同类型的职业院校，同时涵盖更广泛的汽车制造相关行业，如零部件制造、汽车后市场等。通过收集和分析这些更具代表性的数据和信息，可以更准确地把握行业人才需求的整体趋势和差异，为职业院校的人才培养提供更有针对性的指导。

（二）加强动态追踪研究以应对行业变化

汽车制造行业是一个日新月异的领域，技术更新迅速，市场变幻莫测。为了及时捕捉这些变化对人才培养的新要求，未来研究应建立长期追踪机制，定期评估汽车制造行业人才需求与职业院校人才培养的匹配情况。这可以通过定期的调查问卷、企业访谈、行业会议等多种方式实现。通过持续的

追踪研究，可以更深入地了解行业发展的最新动态和趋势，为职业院校调整人才培养方案提供及时、准确的依据。

（三）深化对新兴领域的研究以把握前沿趋势

随着新能源汽车、智能网联汽车等新兴领域的蓬勃发展，这些领域对人才的需求也日益旺盛。然而，现阶段对这些新兴领域的人才需求特点、培养路径和匹配策略等方面的了解还相对有限。因此，未来研究应进一步聚焦这些新兴领域，深入探讨其人才需求的具体要求和变化趋势，以及职业院校如何调整和优化人才培养方案以更好地满足这些需求。

（四）探索多元化研究方法以丰富研究层次

为了更深入地揭示人才培养与行业需求匹配问题的本质和规律，未来研究应综合运用定量与定性研究方法，结合大数据分析、文本挖掘等先进技术手段进行更深入、更精细化的研究。例如，可以通过深度访谈、参与式观察等方式收集更丰富的质性数据，以深入了解、行业企业和职业院校的实际需求和做法；同时，也可以利用大数据技术对海量的数据进行挖掘和分析，以揭示人才培养与行业需求之间的关联性和影响因素。这将有助于更全面地把握问题的本质和规律，为职业院校的人才培养提供更科学、更有效的指导。

第三节 对汽车制造业人才培养的展望与建议

在汽车制造业人才培养的宏大工程中，政府、企业学校及社会各界都扮演着不可或缺的角色，各自肩负着重要的责任。

（一）政府的角色与责任

政府作为公共利益的代表和宏观调控的主体，在人才培养中应发挥以下作用：

制定政策与规划。政府应根据国家发展战略和汽车制造业的发展趋势，制定相应的人才培养政策和规划，明确人才培养的目标、重点和措施，为人才培养提供有力的政策保障。

加大投入与扶持。政府应增加对职业院校的财政投入，改善教学条件，提高教师待遇，吸引更多优秀人才投身教育事业。同时，通过设立奖学金、助学金等方式，激励和帮助学生完成学业。

推动产教融合与校企合作。政府应出台相关政策，鼓励和支持职业院校与企业开展深度合作，推动产教融合、校企合作等育人模式的创新，促进人才培养与市场需求的紧密对接。

建立评价与监管机制。政府应建立完善的人才培养质量评价和监管机制，定期对职业院校的教学质量、毕业生就业情况等进行评估，确保人才培养的质量和效果。

（二）企业的角色与责任

企业作为市场经济的主体和人才需求方，在人才培养中应承担以下责任：

提供实习实训机会。企业应积极与职业院校合作，为学生提供实习实训场所和岗位，帮助学生掌握实际操作技能，提高解决问题的能力。

参与人才培养方案制定。企业应根据自身的人才需求和行业发展趋势，与职业院校共同制定人才培养方案，确保人才培养的针对性和实用性。

促进人才培养与市场对接。企业应通过校园招聘、订单式培养等方式，积极吸纳职业院校毕业生，为他们提供合适的就业岗位，实现人才培养与市场需求的良性互动。

反馈人才培养效果。企业应定期向职业院校反馈毕业生的工作表现和成长情况，为职业院校改进教学方法、优化课程设置提供重要依据。

（三）学校的角色和责任

汽车制造院校在人才培养中扮演着至关重要的角色，并承担着多重责任。首先，作为教育机构，汽车制造院校致力培养具备扎实专业知识、技能和综合素质的汽车制造领域专业人才。这些人才不仅需要掌握汽车构造、设计、制造、检测与维护等核心技能，还需要具备创新思维、工程实践能力和团队合作精神。

在人才培养的过程中，汽车制造院校承担着传授知识的责任。通过系统的课程设置和教学方法，院校将汽车制造领域的基础理论、专业知识以及前沿技术传授给学生，为他们打下坚实的基础。同时，院校还注重培养学生的实践能力和创新思维，通过实验、实训、项目等实践环节，让学生将所学知识应用于实际工作中，提升解决实际问题的能力。除传授知识外，汽车制造院校还承担着培养学生职业素养的责任。这包括培养学生的职业道德、职业态度和职业精神等方面。院校通过组织各种职业素养教育活动，如讲座、研讨会、社会实践等，引导学生树立正确的职业观念，提升职业素养，为未来的职业生涯做好准备。此外，汽车制造院校还承担着服务地方经济和社会发展的责任。作为地方高等教育的重要组成部分，汽车制造院校需要与地方企业、行业协会等建立紧密的合作关系，共同推动汽车制造产业的发展。院校可以通过提供技术咨询、人才培训、科技成果转化等服务，支持地方汽车制造企业的技术创新和产业升级，为地方经济发展贡献力量。人才培养的角色和责任中，汽车制造院校还需要不断适应汽车行业的新发展和新要求。随着汽车技术的不断进步和产业的不断升级，汽车制造院校需要不断更新教学内容和教学方法，引入新的技术和理念，确保所培养的人才能够适应未来汽车行业的发展需求。

（四）社会各界的角色与责任

社会各界包括行业协会、科研机构、非营利组织等，在人才培养中应发挥以下作用：

营造良好人才发展环境。社会各界应共同营造尊重人才、崇尚创新的良好氛围，为人才培养提供有力的社会支持和文化土壤。

提供多元化资源和平台。社会各界应充分利用自身的资源和优势，为人才培养提供多元化的学习机会、交流平台和展示舞台，促进学生的全面发展。

参与人才培养评价与监督。社会各界应积极参与人才培养质量的评价和监督工作，为政府决策提供参考依据，推动人才培养质量的不断提升。

综上所述，政府、企业和社会各界在人才培养中都扮演着重要的角色并承担着相应的责任。只有三者加强协同配合形成合力，才能共同推动汽车制造业人才培养质量的提升，为行业的持续发展和国家的繁荣富强提供坚实的人才保障。

参考文献

[1] 杨双幸. 物流专业汽车制造零部件方向人才培养模式的探索 [J]. 现代工业经济和信息化，2020，10（11）：115-116.

[2] 刘力，赵瑜，黄倩，等.“德技并修”汽车制造与试验技术专业人才培养体系的构建探索 [J]. 内燃机与配件，2023（8）：112-115.

[3] 康浩南. 智能制造与民办院校汽车专业人才培养研究 [J]. 汽车博览，2021（27）：119-120.

[4] 张雪文，胡家玮. 校企联动“旺工淡学、工学交替”的人才培养模式研究与实践——以益阳职业技术学院汽车制造与试验技术专业为例 [J]. 时代汽车，2023（12）：92-94.

[5] 陈力.“五有人才”培养下创新创业实践教学体系构建 ——以汽车制造与试验技术专业为例 [J]. 创新创业理论研究与实践，2022，5（18）：66-68.

[6] 高韶坤，艾建军，王伟东，等. 基于产教融合的汽车制造相关专业高素质技术技能人才培养研究 [J]. 山西青年，2022（15）：121-123.

[7] 潘德文. 新工科背景下汽车专业技术技能人才培养研究——以辽宁装备制造职业技术学院为例 [J]. 电大理工，2022（2）：33-37.

[8] 葛胜升. 制造强国背景下汽车制造与装配技术专业人才培养模式探索 [J]. 宁波工程学院学报，2021，33（1）：84-89.

[9] 易群，曾勇刚. 搭建产教融合育人平台，创新人才培养模式改革——以汽车制造与装配技术专业为例 [J]. 时代汽车，2021（15）：50-51.

[10] 李健.“四段式”工学交替人才培养模式实践研究——以汽车制造与装配技术专业为例 [J]. 内燃机与配件，2021（5）：230-231.

[11] 吴春辉. 深化产教融合, 校企长效合作, 实现"双元"育人 ——辽阳职院汽车制造专业群与一汽大众卓越英才校企合作人才培养项目 [J]. 科教导刊 – 电子版（下旬）, 2021（8）: 57-58.

[12] 文逸. 基于校企合作下汽车专业高技能人才培养模式的研究 ——以柳州市技工学校汽车制造与装配专业为例 [J]. 时代汽车, 2020（19）: 32-33.

[13] 刘红谱, 魏小冈, 何守亮, 等. 基于"五有人才培养标准"的专业课程体系改革研究——以汽车制造与试验技术专业为例 [J]. 教育现代化, 2021, 8（104）: 51-54.

[14] 王善威. 深度产教融合背景下人才培养模式创新——以汽车制造与检修专业为例 [J]. 电脑校园, 2020（11）: 2991-2992.

[15] 宋倩文. "三全育人"视域下高职汽车制造与试验技术专业建设新模式 ——以甘肃交通职业技术学院为例 [J]. 南方农机, 2022, 53（19）: 183-186.

[16] 雷红华, 雷俊峰. 智能制造专业群"岗课赛证"融通的探索与实践——以襄阳职业技术学院智能制造专业群为例 [J]. 造纸装备及材料, 2023, 52（2）: 216-218.

[17] 朱杰. 汽车钣金与涂装专业技能型课程教学模式在高技能人才培养中的实践与运用 [J]. 专用汽车, 2023（4）: 110-112.

[18] 党蒙, 张传伟, 杨芝, 等. 新工科背景下车辆工程专业教学改革与实践——以西安科技大学车辆工程专业为例 [J]. 装备制造技术, 2023（5）: 169-171.

[19] 郭丹丹, 陈安柱. 中德职业教育汽车机电合作（SGAVE）项目"学习领域"课程模式本土化建构与实践研究 [J]. 时代汽车, 2023（18）: 94-96.

[20] 肖海峰, 张春, 李峰光. 基于成果导向的增材制造专业课程教学改革与实践——以汽车产业人才为例 [J]. 科教导刊, 2023（21）: 38-40.

[21] 柳江, 李敏, 张西龙, 等. 基于 OBE 理念的车辆工程专业课程目标评价机制研究 ——以《汽车制造工程学》课程为例 [J]. 产业与科技论坛,

2023，22（4）：247-249.

[22] 余东，熊庆，陶沙沙.职业院校教师综合能力提升对策研究——以汽车制造类专业教师企业实践为例 [J].湖北工业职业技术学院学报，2023，36（4）：69-73.

[23] 陈前程，卞林峰.面向区域产业经济的机械专业发展定位探究——以合肥城市学院为例 [J].科教文汇，2023（14）：98-101.

[24] 殷子豪.中职汽车制造与检测专业课程思政教学改革的路径探索——以《新能源汽车结构原理与检修》为例 [J].时代汽车，2023（5）：55-57.

[25] 黄贤娇，周飞.技工院校汽车制造与装配专业基于工作过程的一体化课程改革 ——以柳州市技工学校为例 [J].科学咨询，2021（23）：217-219.

[26] 郝飞，殷晓飞."1+X"证书制度下汽车制造与试验技术专业"岗课赛证"融通的探索与实践 [J].专用汽车，2022（11）：99-101.

[27] 刘红谱，刘秀凤，魏小冈.高职院校专业课程体系改革的探索与实践——以汽车制造与试验技术专业为例 [J].现代职业教育，2022（1）：91-93.

[28] 易小兰.汽车专业中高职贯通、专本科衔接的人才培养模式设计与实践研究 [J].时代汽车，2022（7）：114-116.

[29] 石文，万东操，何迎."校行企协同＋工学技评联动"服务汽车产业链人才培养模式探索与实践 [J].专用汽车，2022（7）：107-109.

[30] 叶浩，黄水儿，郑春晖，等.劳模工作室对汽车生产企业人才培养的作用——以"黄水儿劳模工作室"为例 [J].机电技术，2022（1）：110-112.